AMORES INVISÍVEIS
Casais longevos da diversidade

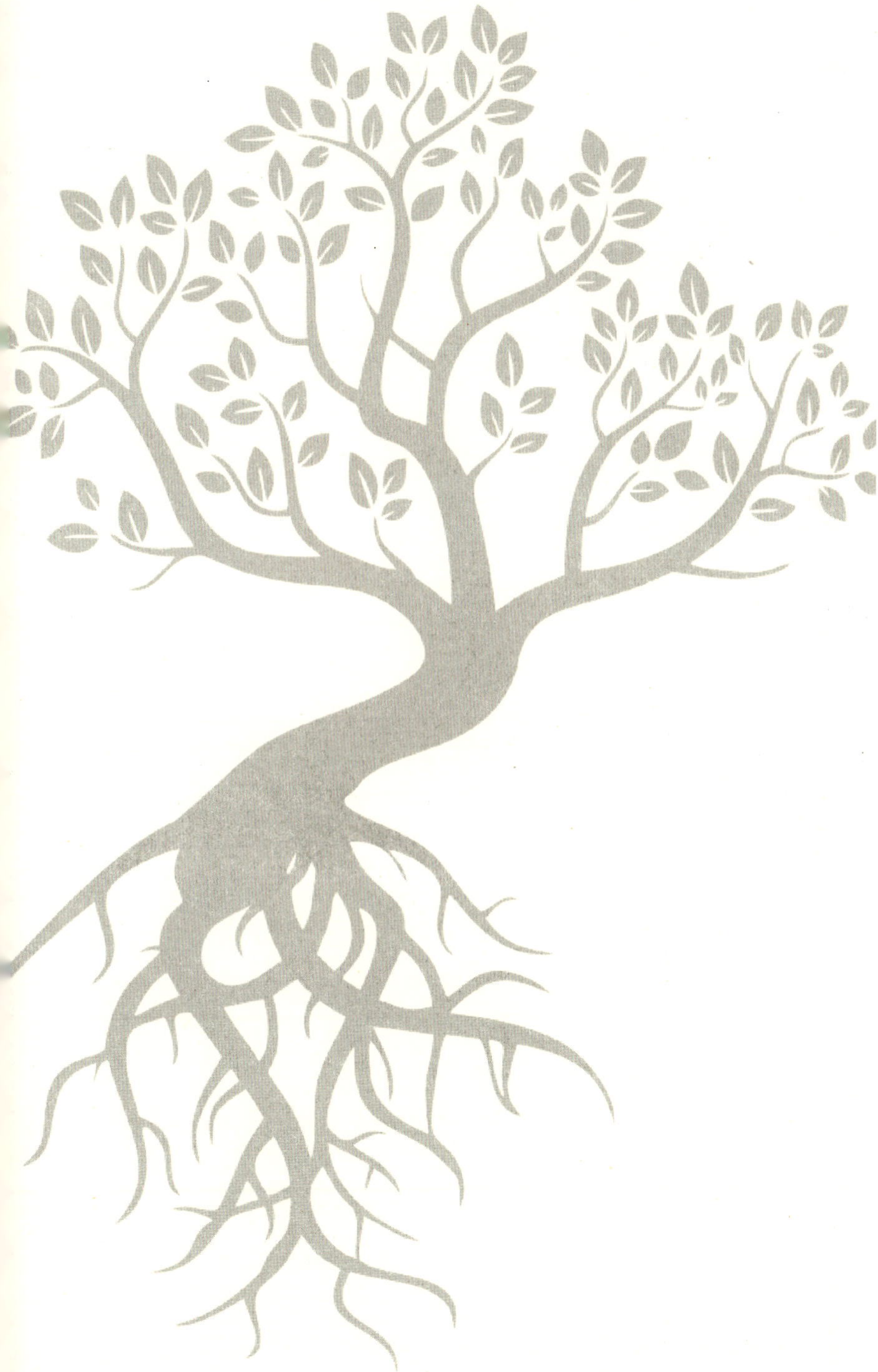

2018 © Déa E. Berttran
2018 © EDITORA DE CULTURA
ISBN: 978-85-293-0208-9

Todos os direitos desta edição reservados

EDITORA DE CULTURA
Praça Eduardo Taberneiro Rangel, 739 – sala 1
03351-105 – São Paulo – SP

Fone: (11) 2894-5100
atendimento@editoradecultura.com.br
www.editoradecultura.com.br

Partes deste livro poderão ser reproduzidas, desde que obtida prévia autorização escrita da Editora e nos limites da Lei nº 9.610/98, de proteção aos direitos de autor.

Primeira edição: Novembro de 2018
Impressão: 5ª   4ª   3ª   2ª   1ª
Ano: 22   21   20   19   18

Dados Internacionais de Catalogação na Publicação (CIP)
Elaboração: Aglaé de Lima Fierli – CRB-9/412

B463	Berttran, Déa E. , 1960-
	    Amores invisíveis : casais longevos da diversidade / Déa E. Berttran. – São Paulo: Cultura, 2018.
	    120p. : 16x23cm.
	
	    Relatos reais de vida
	    ISBN: 978-85-293-0208-9
	
	    1. Sexo (Psicologia). 2. Homossexualidade - Relatos. 3. Minorias sexuais. 4. Casais homossexuais. I. Título.
	
	                                                              CDD 155.3

Índice para Catálogo sistemático

Sexo : Psicologia   155.3
Homossexualidade : Relatos   155.6
Minorias sexuais : Psicologia 155.6
Casais homossexuais : Psicologia 157.9

Déa E. Berttran

AMORES INVISÍVEIS
Casais longevos da diversidade

SUMÁRIO

Prefácio		9
Apresentação		12

Introdução CASAIS LONGEVOS DA DIVERSIDADE
    1 O temor da diferença   15
    2 Personagens reais, amores plausíveis   18

Parte I DANI E NANCY

    3 Início da vida em comum   21
    4 A paixão que enovela as amantes   23
    5 Tradição, norma e legado: rompendo fronteiras   25
    6 O exercício da conjugalidade   27
    7 Duas mulheres no mundo heteronormativo   30
    8 Vivendo sob disfarce   32
    9 Crises: momentos de ajustes   35
   10 Os muitos nós do laço amoroso   37
   11 Amor sussurrado   40

Parte II DONATO E TOMÁS

   12 O desejo de estar junto   43
   13 Famílias: o espaço e sua falta   45
   14 Tempos de namoro, encontros e despedidas   47
   15 Amor partilhado, dinâmicas complementares   50
   16 Todo dia é dia de acordo!   52
   17 Gênero: conceito que demanda entendimento   54
   18 O dia a dia com ternura de dois homens   56

Parte III ÍSIS E RAQUEL

19 Um romance peculiar 59
20 Ísis, Raquel e Osmar: o trio do fim de semana 61
21 A delicada construção de um casal 63
22 Ísis e o medo de ficar só 65
23 Raquel e suas circunstâncias 68
24 O bordado amoroso 71
25 Um casamento com bodas de prata 73
26 Sobre a dança dos casais 75
27 A interferência do ímpar no par 78

Parte IV NESTOR E OTÁVIO

28 Quando a paixão se impõe 81
29 Curtos-circuitos: a urgência de estar junto 83
30 A paixão que transborda 85
31 Vivência do amor: entrega e aceitação 87
32 Amante apaixonado e pai amoroso 89
33 Nestor e seu desafio maior: os filhos 92
34 Convivência amorosa em vínculo recíproco 94

Parte V DISCUSSÃO E CONCLUSÕES

35 O amor em múltiplas possibilidades vinculares 97
36 Inclusão e diversidade 99
37 Encontros e confrontos conjugais 101
38 Visíveis, audíveis e modelares 104
39 Amores românticos do século 106
40 Amores: homos, héteros... Humanos 109

Referências 111
Sobre a Autora 117

PREFÁCIO

Conheci Déa E. Berttran na defesa de seu doutorado em Psicologia Clínica na Universidade do Estado de São Paulo. Havia me surpreendido pelo convite, uma vez que, por formação, não sou da área psi. Contudo, o tema da conjugalidade homoafetiva faz parte de minha carreira profissional.

Passado um ano, a autora, com uma agilidade rara para os acadêmicos, publica, em versão acessível a diferentes públicos, este livro. Trata-se de um material valioso para a análise da sexualidade, dos afetos, da homossexualidade vivida total ou parcialmente sob sigilo, e da longa convivência de casais constituídos por pessoas do mesmo sexo. Resultado de uma pesquisa realizada no âmbito da psicologia clínica, com abordagem da psicanálise vincular, as trajetórias de vida a dois são retratadas com muita sensibilidade e argúcia.

Como os leitores/ as leitoras terão oportunidade de constatar, as personagens têm histórias pessoais, origens sociais, tipos distintos de família que deram origem a suas vidas e seus encontros amorosos. São reais, reservado o anonimato necessário de nomes e circunstâncias. Os relatos de vidas foram coletados em conjunto, praxe nas análises desse feitio, e com várias horas de entrevista. Os entrevistados foram convocados a participar da pesquisa pela web. O propósito é trazer ao conhecimento mais amplo vidas invisibilizadas, de que poucos se dispõem a dar testemunho.

Os quatro casais, sob nomes fictícios, começam a habitar o pensamento de quem se embrenha nessa leitura agradável, às vezes em linguagem coloquial. Passamos a conviver com o cotidiano das dinâmicas conjugais que se desenrolam aos nossos olhos, com pequenos detalhes que estruturam a vida a dois: arranjos de preferências, construção de hábitos cotidianos de coabitação, estilos de subjetividade e expressão dos sentimentos, desentendimentos, reações diante da pressão familiar para os membros do casal se enquadrarem ao modelo heteronormativo.

A simetria/assimetria de gênero aparece sob diferentes ângulos. A princípio, não se pode afirmar tratar-se de casais igualitários no sentido de um esforço deliberado de alcançar um ideal de igualdade plena entre os dois elementos do par. Contrastivamente à literatura antropológica sobre a conjugalidade moderna individualista, certas díades apresentam concepções tradicionais sobre a vida a dois. Um caso bem ao estilo do exemplo igualitário mostra-se na divisão do trabalho doméstico, ponto nevrálgico para casais compostos por dois homens: "Tomás é quem cozinha e lava, eu arrumo a casa. Não que [eu] não possa ir para a cozinha e que amanhã não possa estar lavando", esclarece

Donato. Já Otávio (do quarto casal) encarna alguns atributos habitualmente associados ao gênero feminino: embora trabalhe, não sabe senha de banco, e o dinheiro é totalmente administrado pelo companheiro.

A articulação entre identidade social e subjetiva é um dos pontos fortes da contribuição de Berttran. Sua análise demonstra como os sujeitos recebem um legado formal e palpável – o que os cientistas sociais leriam em termos de capital social e modelação emocional – que se mescla e desenvolve singularidades específicas a partir das dinâmica afetivas, em sua maioria, inconscientes, que regem o núcleo familiar, como também pela interação amorosa-sexual com os parceiros/ as parceiras. Afinal, a conjugalidade significa uma socialização secundária importante, que atua pelo ajuste implicado no viver a dois. Roland Barthes, em seu livro *Fragmentos de um discurso amoroso*, propõe uma equivalência do casal à "estrutura", salientando desta o caráter de 'habitabilidade': um esquema de modelação, enquadramento e seleção das experiências cotidianas. Atua como anteparo e esquadro de eventos e de emoções. O casal é, portanto, um pequeno sistema prático e afetivo de ligações contratuais. Nesse sentido, os casais homoafetivos não diferem em nada de outros pares.

Tais casais enfrentam dificuldades de lidar com os núcleos da família de origem ou da família constituída, caso dos dois pares que têm filhos de uniões heterossexuais anteriores. Os episódios de crises mais intensas entre os entrevistados resultam de conflitos produzidos pela prole, inclusive aqueles que concernem futuros problemas de partição de patrimônio.

A ausência de apoio familiar ou a necessidade de disfarçar o estado de compromisso amoroso com alguém pertencente ao mesmo sexo fazem a autora mencionar a ausência de suporte social para os casais homoafetivos. De fato, tais díades podem, na maior parte das vezes, contar com o apoio de redes sociais constituídas por amigos/ amigas que compartilham a mesma orientação sexual. Contudo, a lógica do "armário" – não tornar pública a identidade sexual – faz com que tais redes possam oferecer apoio em momentos bastante limitados. O conjunto dos laços sociais permanece restrito a festas comuns, viagens compartilhadas, encontros nos quais nem todos os que deram depoimento na pesquisa se sentiram à vontade para externar carícias em frente a de terceiros.

Adentramos uma área sensível de intenso debate concernente aos diferentes estilos de viver a homossexualidade. Aqueles que se identificam com o movimento de *coming out* muitas vezes assumem uma postura de questionar e, até, de desrespeitar aqueles que não seguem o padrão da assunção da sexualidade alternativa. É preciso considerar que há muitas pessoas que podem perder prestígio social, ou mesmo oportunidades de emprego, em razão do não enquadramento heteronormativo. Podem entender que a própria sexualidade não é assunto de bandeira política e desejar vivê-la em privacidade. Essa percepção, criticada pelos defensores da visibilidade *gay* ou lésbica, tem recebido a conceituação de homofobia internalizada ou auto-homofobia. Em meu entender, trata-se antes de uma categoria de acusação do que de uma avaliação criteriosa. Não se trata de afirmar que a aceitação da homossexualidade em um contexto de forte desaprovação não possa gerar desconfortos psíquicos e entraves sociais, mas de afirmar o direito de cada um de lidar com seu objeto de desejo da maneira como lhe convier.

Em um dos exemplos presentes neste livro, um casal de mulheres destaca a importância dos amigos: um par em especial é de *gays*, com o qual se sentiam à vontade para viajar, jantar em restaurantes, todos pertencentes ao mesmo nível socioeconômico e, também, discretos como elas. Com eles, falavam de si, sem revelar abertamente detalhes de suas vidas, mesmo quando enfrentaram crises na união. Assim, o anonimato é **estilo de vida** dessas pessoas maiores de 60 anos. As mulheres não mencionam peculiaridades da vida sexual. Donato, o mais falante dos pesquisados, que toma a iniciativa de participação na pesquisa, diante da insistência do pai acerca de sua homossexualidade, responde simplesmente 'sim'.

A representação da orientação sexual como inata está presente em certos depoimentos, configurando uma representação naturalista da escolha de objeto amoroso. A autora, contudo, sustenta com firmeza que a diferença sexual não é garantia de alteridade na constituição dos pares. O recurso à psicanálise vincular possibilita o entrecruzamento entre intersubjetivo e geracional. Ainda que tenha havido carência de norteadores na trajetória dessas pessoas para as experiências de conjugalidades homossexuais, tal carência não as torna mais frágeis para constituir laços duradouros.

Em suma, trata-se de uma obra de interesse para a psicanálise ou para quem se aventurar a compreender o universo das conjugalidades, sejam elas hetero ou homossexuais.

Maria Luiza Heilborn
Historiadora e Antropóloga
Profa. Associada Instituto de Medicina Social
Universidade do Estado do Rio de Janeiro (UERJ)

APRESENTAÇÃO

É com grande prazer que faço a apresentação do livro de Déa E. Berttran, construído a partir de sua tese de doutorado, defendida no Programa de Pós-Graduação em Psicologia Clínica, do Instituto de Psicologia da Universidade de São Paulo, na qual fui sua orientadora.

Como o próprio título muito bem indica, a autora se debruçou sobre a temática da conjugalidade homoafetiva construída e vivida por meio de casamentos longevos. Com escrita leve, clara e em certos momentos informal, Déa foi capaz de elaborar uma tarefa árdua, ou seja, transformar o formalismo da academia em um texto acessível a qualquer público interessado pelo assunto.

A autora procura apresentar um panorama vivencial dos relacionamentos homossexuais, masculinos e femininos, longevos, vividos sob a óptica do disfarce e do preconceito. Se, ainda hoje, com todas as mudanças características da sociedade contemporânea – que promove forte discurso sobre a inclusão das diferenças e das diversidades, sejam elas de cor, raça e sexualidade –, ainda encontramos visões preconceituosas e homofóbicas, o que dirá em décadas passadas?

Nesse cenário dos valores tradicionais, incluindo principalmente o modelo da família patriarcal heterossexual, é onde se encontra o ponto central para a análise de relações amorosas que, embora fugindo à norma, demonstram sua força existencial.

Por meio do estudo aprofundado de quatro casos, incluindo dois casais femininos e dois casais masculinos, Déa discute a assunção homossexual, as escolhas de parceiros, a construção da conjugalidade homoafetiva, o exercício parental na nova orientação sexual de um dos genitores e a manutenção ao longo do tempo desses relacionamentos.

Embora, nos recortes escolhidos, fique evidente a intensidade de sentimentos despertados quando da constituição vincular e ao longo do viver conjunto, todos os casais também relataram as grandes dificuldades e frustrações por que passaram, enfatizando a invisibilidade dessas relações amorosas e conjugais para além dos muros de suas casas e intimidades. São relações que se constituíram e se solidificaram sem a anuência e/ ou continuidade do tecido familiar e social de origem, na maioria das vezes; bem como tendo como suporte apenas o grupo de amigos ou o gueto.

Seriam, então, esses casais participantes da pesquisa representantes de como se dá a resiliência individual e conjugal em ambiente adverso? Talvez por isso tenham se mostrado tão afeitos a contar suas histórias, mesmo não sendo militantes de nenhum movimento social? Ou a própria situação da entrevista teria permitido que viesse à tona um desejo latente de reconhecimento pelo que são, viveram e representam?

No modo como Déa explora os casos, em sua narrativa bastante sensível, percebemos as pistas para a compreensão não só das indagações aqui apontadas, mas principalmente daquelas levantadas pela própria autora, embasadas por seus referenciais teóricos e pela revisão da literatura empreendida, como todo trabalho acadêmico exige.

Vale destacar que os resultados encontrados pela autora quebram estereótipos e preconceitos que sempre existiram quanto aos casais *gays* (tomo essa denominação mais geral de acordo com o expresso no livro) e seus modos de viver a sexualidade e o amor. Dito de outro modo, esses casais confirmam a ocorrência de relacionamentos compromissados ao longo do tempo, com acordos de fidelidade e dinâmicas de funcionamento vincular semelhantes aos que sempre existiram entre os casais heterossexuais. E, curiosamente, observa-se aqui a repetição de um resultado já observado em outras pesquisas realizadas com essa mesma população, denotando maior facilidade para viverem uma relação mais igualitária, no que diz respeito à divisão de tarefas e obrigações cotidianas, ao cuidado com filhos e a divisão do dinheiro.

Complementando tais constatações, poderíamos afirmar que romper com os modelos das famílias de origem e norma social vigente, embora provoque muito sofrimento naqueles que assim se colocam, pode também propiciar maior leveza no exercício conjugal cotidiano (em se tratando da divisão das funções no casal) e, consequentemente, maior respeito à alteridade de cada um. Teríamos, portanto, um modo compensatório e, para alguns, até resiliente de lidar com as adversidades externas.

Finalizando, espero que, frente a uma escrita tão apaixonada, o leitor possa se abrir para um campo novo de conhecimento interpessoal, via aportes da psicanálise e de outras áreas afins, no sentido de uma real contribuição para um mundo mais inclusivo.

Boa leitura a todos!

Isabel Cristina Gomes
Profa. Titular Instituto de Psicologia
Universidade de São Paulo (IP-USP)

INTRODUÇÃO
CASAIS LONGEVOS DA DIVERSIDADE

1
O TEMOR DA DIFERENÇA

Interessante: quando se pensava na palavra "amor" associada a relacionamento afetivo entre duas pessoas, há até bem pouco tempo, parecia que essas ideias só tinham a ver com o que existia entre uma mulher e um homem. O caminho para a sexualidade acontecia exclusivamente entre dois "diferentes", ou seja, indivíduos que apresentavam em seus corpos elementos vistos como complementares – a coroação se dava na procriação. Tudo o mais estava relegado a ocupar lugares marginais.

Curiosa ainda é a existência de um mecanismo que nos faz aceitar o que nos parece conveniente, seja pela razão que for – esmaecimento de lembranças que possam bloquear o sentimento de bem-estar (isso acontece com a maternidade, por exemplo, reconhecida como construção social, mas reiteradamente naturalizada). "Basta ser mulher para querer ser mãe"; "Basta deixar seu instinto fluir que tudo dará certo quanto ao desenvolvimento do rebento" – frases repetidas sem cessar, mas que não representam a realidade. Nos tempos atuais, têm sido noticiadas falas de mulheres que relatam o desagradável que é, por vezes, a gravidez; ou confessam, por amantíssimas que sejam como mães, ocasional arrependimento de ter tido filhos. A filósofa francesa Elisabeth Badinter, ainda na década de 1980, já se referia ao amor materno como mito (1985).

Tudo isso será por que temos necessidade de nos posicionar frente a polaridades? Ou seja, sempre a escolha será entre isso ou aquilo? Noite-dia, frio-quente, preto-branco, certo-errado, normal-anormal... E o que se encontra entre as duas pontas não deve ser considerado? E quem está no meio?

Pois é, durante muito tempo, os que eram considerados "fora da curva", fosse porque não eram majoritários na população, fosse porque dela se desviavam, eram tratados de forma cruel, hostil, segregadora. Isso aconteceu com todos os que não se adequavam ao modelo europeu propagado quando as caravelas começaram a singrar os mares – homem, branco, ocidental, cristão, heterossexual. Mulheres, pessoas de outras etnias e crenças, que viviam em lugares distantes e, portanto, seres ameaçadores, assim como todos os não heterossexuais, eram cidadãos de segunda classe, que precisavam ser doutrinados, contidos, catequizados, colocados no caminho da norma. Ou seja, não eram considerados normais.

Michel Foucault (1972), filósofo francês com obra de extrema importância sobre a criação da sociedade moderna, denunciou a estratégia das "naus dos insensatos", nas quais eram embarcados os loucos para que, à deriva, en-

Xilogravura alemã de 1549 representando "A nau dos Insensatos", inspirada no livro homônimo de Sebastian Brant (1457-1521), uma sátira sobre os vícios humanos de seu tempo

contrassem alguma solução para suas vidas que não a da convivência no seio da sociedade europeia do século XV.

Há exemplos mais recentes e mais próximos: no Brasil, última nação a abolir a escravidão, o Código Comercial de 1850 – que ainda vigora em alguns artigos e só foi revogado pelo Código Civil de 2002 – incluía os negros escravos na categoria dos "semoventes", ou seja, animais com capacidade de se mover autonomamente. Quanto às mulheres, só com o Estatuto da Mulher casada, de 1962, elas deixaram de figurar entre os "incapazes", mas a igualdade de direitos e obrigações foi reconhecida apenas com a Constituição Federal de 1988.

Na verdade, o "diferente" sempre foi um excluído, justamente por apresentar... a diferença! A possibilidade de ser diverso, seja em que âmbito for, traz sempre a surpresa, o inusitado; a possibilidade de fazer de outro jeito e, muitas vezes, o susto.

Giorgio Agamben (2010), filósofo italiano, apresenta em sua obra a figura daquele que, por ser desumanizado, pode ser sacrificado – o *homo sacer* (homem sagrado), que, justamente, não é sacralizado. Não deixa de ser o estrangeiro, representado nos milhares de refugiados que, em todos os tempos, na busca por novos horizontes, encontram, muitas vezes, a morte. O francês Albert Camus (1913-1960) escreveu um romance com o título

O estrangeiro – personagem encontrado também em muitos filmes, nas artes, nas ciências humanas. Ele representa um elemento importante quando se trata de entender o humano em suas relações com seus iguais. Que não o são exatamente – humanos, sim; porém, não iguais. Discurso de fácil apropriação e repetição, mas que não se materializa em uma práxis. Não se transforma em experiência vivida – sabemos que, por vezes, o ardor da fé mata, justamente por não haver aceitação de quem não compartilha as mesmas ideias.

Mas, fazendo parte ou não do desejo das pessoas, o diferente existe e pede visibilidade, legitimidade, acolhimento; quer fazer parte. Seja imigrante, seja de outra raça ou de formatos físicos diversos, posição econômica e social ou *gay* – este último é o "estrangeiro" protagonista deste livro.

Utilizei o termo *gay* para designar o universo da homossexualidade como um todo, mulheres e homens, mas reservei a palavra lésbica para a mulher homossexual, nomenclatura de grande força política e de caráter afirmativo, pois existem lésbicas que não querem ser chamadas de *gays* e nem de homossexuais, na intenção de ressaltar sua autonomia e suas especificidades, além de não desejarem estar atreladas ao universo masculino (ALMEIDA; HEILBORN, 2008).

2
PERSONAGENS REAIS, AMORES PLAUSÍVEIS

As personagens deste livro são reais. Embora seus nomes e circunstâncias tenham sido modificados para que não fossem identificáveis, os relatos de suas vidas preencheram algumas horas de entrevista e ocuparam dois anos de análises de conteúdo. A importância desses dados, além de terem sido a estrutura para a minha tese de doutorado, foi a de trazer à luz histórias que poucos contam, mas fazem parte da vida de todos, embora dificilmente sejam reconhecidas.

Algumas vezes, essas trajetórias de vida são apresentadas nas nossas novelas de televisão, reconhecidamente populares no Brasil e de grande audiência, trazendo à cena temas de cunho social que geram grande mobilização nacional. E personagens *gays* têm se tornado, de forma crescente, catalisadores de ações que ocasionam muita discussão em rodas variadas. Mas nunca a polêmica foi tão grande quanto a trama com um casal de lésbicas já idosas em Babilônia (2015), representadas por Fernanda Montenegro e Nathália Timberg, com franca troca de afeto entre as duas, chegando até a um beijo rápido, de lábios cerrados, demonstrando o vínculo amoroso construído.

A associação entre sexualidade e terceira idade já é, por si só, tema de difícil abordagem. Ser visitado com acréscimo da variável "lesbianismo", aparentemente, chegou a ser quase insuportável para os telespectadores – tanto que o beijo selado nunca mais se repetiu, apareceu somente em uma cena(1).

Em novela mais recente da mesma emissora, apresentada também na faixa horária das nove da noite, enquanto casais heterossexuais encenam tórridas sequências sexuais, com beijos, carícias e erotização dos corpos, o par de lésbicas somente se abraça(2).

A conjugalidade *gay* e lésbica produz tremendo receio em algumas pessoas, talvez desconfiança, muitas vezes desejo reprimido... Um bom exemplo é a expressão da homofobia na violência contra a comunidade LGBTI (lésbicas, *gays*, bissexuais, travestis, transexuais e pessoas intersexos), com o registro de uma morte a cada 19 horas em terra brasileira, de acordo com informação levantada pelo Grupo Gay da Bahia(3).

Acredito firmemente que uma das maneiras de combater o medo é o conhecimento – e assim deixo claro que associo preconceito com ignorância. Daí este livro, para falar de pessoas comuns, que se descobrem diferentes de seus pares e familiares; que rompem barreiras sociais gigantescas para ir ao encontro do que buscam; que vivenciam amores com seus iguais. Pessoas que têm relações amorosas com indivíduos de mesmo sexo, que se encontram, se enamoram e constituem casais com a invisibilidade a envolvê-las. O que as move, como constroem seus relacionamentos em clima social tão hostil, de que maneira mantêm suas relações ao longo do tempo, em uniões estáveis e duradouras, como lidam com o legado heterossexual que receberam?

O convite é para que tragam à luz suas vidas afetivas e, assim, por meio das experiências relatadas, ajudem a transformar conceitos, romper com o conservadorismo preconceituoso e aprender mais sobre nós mesmos, os humanos.

Notas
1. Cena da novela *Babilônia*, de Gilberto Braga, Ricardo Linhares e João Ximenes Braga, exibida em 14/03/2016, Rede Globo de Televisão.
2. Novela *Segundo sol*, de João Emanuel Carneiro, em exibição desde 14 de maio de 2018, Rede Globo de Televisão
3. Em 2017, 445 lésbicas, *gays*, bissexuais, travestis e transexuais (LGBTs) foram mortos em crimes motivados por homofobia. O número representa uma vítima a cada 19 horas. "O dado está em levantamento realizado pelo Grupo Gay da Bahia (GGB), que registrou o maior número de casos de morte relacionados à homofobia desde que o monitoramento anual começou a ser elaborado pela entidade, há 38 anos", informou a Agência Brasil em sua editoria de Direitos Humanos em *post* de 18/01/2018 assinado pelo repórter Jonas Valente. A mesma reportagem registra a divulgação, em igual data, de relatório da organização não governamental Human Rights, segundo o qual, "a Ouvidoria Nacional dos Direitos Humanos recebeu 725 denúncias de violência, discriminação e outros abusos contra a população LGBT somente no primeiro semestre de 2017".

PARTE I
DANI E NANCY

3
INÍCIO DA VIDA EM COMUM

Dani e Nancy estão juntas há 40 anos. Concordaram em expor sua história de amor por considerá-la exemplar, fruto de um encontro definitivo em suas vidas – o que, por sua vez, levou-as a confrontar muitos obstáculos – o primeiro, e maior deles, representado pela mãe de Dani.

Tudo aconteceu quando já eram jovens universitárias – Dani, embora reconheça que se sentiu *gay* "desde sempre", demorou muito a ter coragem de dar os primeiros passos para assumir sua sexualidade. Foi somente quando ingressou na faculdade que conheceu uma garota homossexual e se deixou despertar por esta possibilidade de amor. Antes disso, na adolescência, somente havia dado beijinhos em meninos, nada mais.

Dani chegou a namorar com essa moça por três anos, mas confessa que era um relacionamento muito problemático, pois, apesar da paixão, as duas não tinham muitas afinidades nem existenciais, nem de hábitos – a outra era fumante, bebia em demasia, envolvia-se com as drogas da época, tinha um viver *hippie*, solto e descompromissado.

Dani era o oposto: tendo como origem uma família italiana tradicional, na qual grande valor era conferido ao trabalho e ao suor para a conquista do que quer que fosse, não fumava, não bebia e muito menos fazia uso de drogas. Era estável, educada e, até então, não tivera muitos enfrentamentos com ninguém.

Mas sua mãe começou a estranhar a companhia constante daquela colega da faculdade, que tirava sua filha de casa nos finais de semana e a levava para lugares que ela desconhecia e sobre os quais não tinha controle. E assim foi: Dani, com essa namorada, começou a sentir o gostinho da liberdade, sua perspectiva de vida mudou. Mas sua mãe não aceitou o fato de forma natural; ao contrário, começou a fazer de sua vida um inferno. Ameaçou tirá-la da faculdade, acabar com sua mesada; inquiriu seus amigos de forma rude, criando animosidade entre eles, chegou mesmo a lhe arrumar encontros com rapazes, sem esmorecimento.

Fora tudo isso, Dani não vivia às mil maravilhas com a moça, pois se sentia o tempo todo fora de sua zona de conforto. Até que aquilo começou a lhe parecer excessivo. Mais: tinha começado a mentir para a mãe, de modo a poder viajar; inventava programas; passou a ter vida dupla, algo que não lhe agradava, pois não gostava de ser obrigada a usar esses estratagemas. O certo é que chegou à conclusão de que sua vida estava ficando para lá de complicada – de um lado, as maluquices da namorada, sempre muito livre; de outro, a pressão materna. Dani não aguentou e desfez o namoro.

Em sua cabeça, por essa época, não passava a ideia de que fosse homossexual; embora se sentisse assim, temia esse reconhecimento.

Nancy, por sua vez, tinha tido história diferente, pois até então somente havia vivenciado relacionamentos heterossexuais – em dois deles, chegou a ficar certo tempo, com sexualidade ativa. Porém, em suas fantasias, não era o homem o sujeito de sua eleição, e sim a mulher. Essa percepção não lhe trazia angústia, somente expectativa e frustração, por sentir que não encontrava o que desejava nos rapazes com os quais convivia.

Nancy era embalada por uma lembrança definitiva de sua infância – um dia, brincando de casinha com uma amiguinha, quando desempenhou o papel de "pai", aconteceu um beijo na boca entre as duas. Para ela, tinha se feito a luz!

Então, em sua adolescência e início de juventude, costumava se perguntar, como se fosse um jogo de adivinhação: dentre as pessoas com as quais cruzava na rua, quem poderia ser ou não homossexual. O sentimento de incompletude a levou a se envolver rapidamente com uma grande amiga sua, com beijos e carícias que, por terem o sabor da amizade, não a satisfizeram.

Dani e Nancy foram apresentadas por amigas comuns. Para Dani, a atração física que sentiu por Nancy foi muito grande; para Nancy, Dani era tudo com que sempre sonhara, apaixonou-se perdidamente.

4
A PAIXÃO QUE ENOVELA AS AMANTES

Ah, a paixão! Descrita através dos séculos por diversos pensadores, cantada em música, dita em poemas e discursos, sussurrada pelas alcovas, a paixão é um estado do ser de intensidade por vezes assustadora. E isso porque, no momento do encontro com o outro, muitos sentimentos primitivos podem vir à tona, deixando a pessoa confusa.

Diz a psicanálise clássica que o encontro amoroso é a reedição das relações que as pessoas que compõem o par vivenciaram em suas trajetórias de vida. Um bebê é um ser a quem é preciso apresentar o mundo, inserir em um contexto afetivo, social e cultural, e a maneira como isso é feito é que irá criar os primeiros alicerces para sua expressão na vida.

Dessa forma, as primeiras relações que o bebê mantém com seus cuidadores são fundamentais para que a criança venha a se desenvolver emocionalmente de forma "suficientemente boa", como diria o psicanalista inglês Donald Winnicott (1983). Em outras palavras, o ambiente tem que apresentar certa estabilidade, enquanto as necessidades do infante, tanto físicas quanto emocionais, demandam um atendimento com afetuosidade. Assim, sem perfeição, mas com dedicação, os intérpretes do mundo conferem à criança a possibilidade de experienciar relações de confiança, de sentir que pode se abrir para o outro, porque dele virá o bom, o quentinho, aquilo que alimenta, conforta, tranquiliza.

Mas nem sempre isso acontece. Por vezes, a mãe, ou o cuidador, não tem disponibilidade para se envolver com a criança com tanta dedicação; por vezes, o período em que o bebê vem ao mundo pode ser ameaçador para a mãe ou para o pai – como, então, poderá ele ou ela se manter estável em seus cuidados com o filho?

O tempo passa, a criança cresce, adolesce e começa seu caminho de maturação – e se apaixona. Neste momento, suas primeiras relações infantis vêm à tona, de forma primitiva até, intensa e avassaladora. O outro está ali, pronto para satisfazer todas as suas necessidades, para corresponder a toda sua carência!

O primeiro tempo de um encontro amoroso, assim, é antropofágico, não tem limites, o amante quer o mergulho no outro, a devoração dele, fazê-lo parte integrante de si mesmo – são sentimentos e emoções que podem provocar muito contentamento, mas também gerar muita angústia e medo.

Foi isso o que aconteceu com Dani: ao se sentir atada a Nancy, completamente sucumbida pela paixão que sentia, veio a constatação – "Então, sou *gay*, mesmo!". Em seguida à consciência, veio o terror, levando Dani a fazer uma viagem ao exterior, sozinha, em franco movimento de fuga.

O sentimento amoroso despertou em Dani muita angústia; principalmente o amor por uma mulher, algo que sempre tentara negar. E ela sabia o porquê de sentir isso: a sombra perseguidora de sua mãe.

Nancy não se deixou nublar pela ausência da amada, nem discutiu sobre romper ou não o namoro. Deixou acontecer – estava tão apaixonada que nem aventava a hipótese de Dani não a querer mais. Na verdade, Nancy achava muito esquisita a dificuldade da parceira de assumir sua homossexualidade, pois ela nunca havia experimentado desconforto algum nesse sentido.

5
TRADIÇÃO, NORMA, LEGADO: ROMPENDO FRONTEIRAS

O legado familiar de Dani era muito diferente do legado de Nancy. A herança não somente influencia os valores do grupo, dispondo sobre comportamentos aceitos e proibidos, acordos e regras que normatizam as relações, mas também sobre aspectos não tão materiais, como, por exemplo, os psíquicos. Ao mesmo tempo em que a pessoa recebe um legado formal e palpável, também é formatada e desenvolve a própria singularidade a partir das dinâmicas emocionais, em sua maioria, inconscientes, que regem seu núcleo familiar.

Dani nasceu no seio de um modelo tradicional de família, ou seja, seu pai e sua mãe foram casados por toda a vida, tendo somente ela e seu irmão, mais velho, como filhos, sem histórico de traições ou separações no par parental. Ao contrário; diz ela que sua família é marcada por histórias de amor, que seu pai era muito apaixonado por sua mãe e morria de ciúmes dela – incluindo até mesmo os galãs da época, atores e cantores pelos quais ela manifestava interesse e admiração.

Nancy, por sua vez, foi marcada pela doença psíquica da mãe, mulher que gerou sete filhos, os primeiros deles ainda durante seus dias com alguma estabilidade emocional. Porém, após o penúltimo filho, ela foi acometida de surtos esquizofrênicos, necessitando ser internada e passar por tratamento radical de eletrochoque, algo que, à época, era comum, mas realizado de forma a trazer sequelas físicas e mentais aos pacientes. As irmãs lhe contaram que a mãe era uma pessoa funcional antes desse parto, dedicada à casa e aos filhos, mas passou a ser o oposto a partir de então.

Quando Nancy nasceu, a mãe teve severa depressão, com atitudes hostis e agressivas em relação à filha, que se valeu da proteção da irmã mais velha, com diferença de 17 anos, que foi quem desempenhou a função materna para a pequena.

Daí sua fala sobre não ter, propriamente, a construção do que fosse um casal a partir de seus pais. Lembrou-se do pai, figura protetora e provedora, mas também por vezes bravo e austero, ausentando-se muito, pois trabalhava em outra cidade e somente visitava a família mensalmente nesse período. Recordou-se de que, por vezes, ele a levava em visitas a parentes, nos fins de semana, e isso era muito bom. A figura da mãe era de ausência, uma pessoa que, quando não estava em crise, tinha atuação opaca e não participativa.

Seus irmãos tentavam encobrir as dificuldades vivenciadas com os pais, mas Nancy revelou ter sido um trauma quando sua irmã se casou e, no ano seguinte, as outras duas também o fizeram, permanecendo somente ela, aos 7 anos, com seus irmãos homens. Esses eventos podem tê-la marcado, sendo provável que precisasse desenvolver recursos internos para dar conta de angústias ligadas às perdas. Disse que, nos fins de semana, todos se reuniam, as irmãs casadas vinham visitá-la, ou ela ficava em suas casas, quando então recuperava a afetividade a que estava acostumada.

Porém, embora – e devido à – singularidade de sua vida, Nancy estava livre para viver sua sexualidade e sua orientação homossexual, diferentemente de Dani em sua situação específica. Além de toda a pressão materna, Dani tinha que dar conta de um legado familiar extensivo às mulheres que lhe foi muito duro renegar.

Então, era assim: um dia, uma Teresa concebeu uma criança em quem colocou o nome de Daniela; esta, ao se tornar mãe de uma menina, deu-lhe o nome de Teresa, e assim por diante. Agora, Dani, representante da quinta geração, rompia essa corrente: era homossexual, não tinha filhos – e nunca os desejara.

Outro dado a agravar a situação: sua mãe, quituteira das boas, era quem produzia os casamentos de suas primas, uma a uma... Menos o dela!

Razão para o susto de Dani ao se sentir, com Nancy, em um relacionamento que a completava e criava a demanda de enfrentamento familiar. E Dani lá se foi a viajar por três meses, durante os quais, no dizer de Nancy, trocaram lindas cartas de amor. É, foi isso mesmo, Dani, no exterior, sentia-se ligada a Nancy – e retornou antes do tempo previsto, declaradamente cheia de paixão.

Por mais dois anos, permaneceram cada uma morando em casa de seus pais. Nancy com seus irmãos, mas sempre havia um apartamento alugado para os encontros nos fins de semana. Até que, após três anos de relacionamento, Nancy decidiu certo dia que não mais voltaria para casa, iria morar ali. Já era o terceiro apartamento que alugavam. Com dificuldade, devido à reação da mãe, que foi violenta, Dani também conseguiu ir para lá. Nunca mais se separaram.

Nancy: Ah, tem tanta coisa que justifica... A gente passa por tantas situações, o companheirismo....

Dani: Ah, tem uma cumplicidade aí...

Nancy: Cumplicidade!

6
O EXERCÍCIO DA CONJUGALIDADE

A atração física sempre foi um ponto forte neste par – até hoje, elas mantêm a sexualidade viva, ambas ainda se sentem atraídas uma pela outra. Dani disse ser consequência, talvez, do tipo de vida que tinham. Contou, por exemplo, do último final de semana, em que chegaram à casa de praia, serviram-se de uma dose de *whisky*, colocaram uma música, foram para a piscina olhar o pôr do sol e, com isso, fez-se um clima para o desejo aparecer. Enfatizaram as viagens que sempre fizeram, marca do casal, pois dificilmente ficavam em São Paulo nos finais de semana. Colocaram essas saídas como condição *sine qua non* para se manterem bem. Ambas se cuidam muito fisicamente, ou seja, fazem exercícios regularmente, frequentam salões de beleza e são elegantes em sua apresentação.

A sexualidade ativa do casal demonstra que as pesquisas sobre lésbicas, às quais se atribui o que se convencionou denominar *death bed*, ou "cama morta", necessitam ser ampliadas. Tema complexo e contraditório, pois, durante muito tempo, tanto dados americanos quanto brasileiros apontavam que, para grande número de mulheres, tanto héteros quanto lésbicas, os interesses se concentravam mais na amizade, no companheirismo e na intimidade emocional, do que propriamente no apetite sexual – algo contrário ao registrado com homens heterossexuais e homossexuais, que tendiam a valorizar a atração física e a atividade sexual (SUSSAL, 1993; DOWNEY; FRIEDMAN, 1995; FÉRES-CARNEIRO, 1997).

Nancy e Dani destacam que os amigos são muito importantes para elas: tinham um grupo de casais, também *gays*, com os quais podiam estar à vontade, viajar, sair para jantar, todos pertencentes ao mesmo nível socioeconômico e também discretos como elas. Com eles, falavam de si, mas sem revelação aberta sobre os fatos de suas vidas – mesmo quando vivenciaram crises difíceis, permaneceram sós. Fora eles, eram relativamente fechadas socialmente, ou seja, por muitos anos, até mesmo esses íntimos eram somente do sexo masculino; foi a partir das duas últimas décadas que também incluíram casais de mulheres; contudo, elas não têm amigos heterossexuais, nem amigos individuais.

Nancy revelou que queria envelhecer sendo uma velhinha bem espertinha. Confessou o desejo de ser enterrada com Dani, no túmulo da família. Disse ela que, de sua parte, sendo todos os irmãos mais velhos, nunca seria visitada pelos sobrinhos; já para Dani, o irmão e família eram mais presentes em sua vida.

E isso também devido ao fato de que Dani havia herdado de seu pai um comércio e, com o passar do tempo, ter conseguido triplicar o patrimônio recebido, liderando quase uma centena de funcionários em suas lojas, aos 68 anos. A empresa, contudo, absorvia também outros familiares, a começar pelo irmão.

Em suas próprias palavras, a ligação que teve com os pais foi muito forte enquanto viveram, sentia-se a "sombra" do pai e, por trabalhar no negócio da família, todos os dias, quando ele ia para casa almoçar, ela o acompanhava, sendo a refeição feita a três, incluindo a presença da mãe. Depois, quando os pais morreram, ela comprou a parte do irmão na herança da casa e se mudou para lá com Nancy, mantendo algumas coisas do passado, como a mesa de jantar, que existia há mais de seis décadas, e fazendo reformas que modernizaram as dependências. A casa delas tinha vários porta-retratos com os familiares de ambas, inclusive os falecidos. Todos faziam parte.

Dani se disse muito vinculada ao irmão e fez questão de falar que ele também estava casado há muitas décadas com a mesma mulher, como ela própria – ou seja, ambos eram herdeiros de casamentos estáveis e com perspectiva de duração por toda a vida.

Mas, embora Dani tivesse mostrado fotos dos sobrinhos-netos, disse não ter tanta proximidade com eles – nunca haviam passado algum final de semana com a tia, por exemplo. Em sua fala, situou esse fato, rapidamente, como um tipo de preservação de sua parte; em contrapartida, podemos aventar a hipótese de os pais das crianças não desejarem que as mesmas tivessem contato muito estreito com a tia, devido a sua maneira de ser.

Um autor francês, o psicanalista René Kaës (2011), traz o conceito de ideal do grupo familiar, segundo o qual toda família tem uma história que é transmitida de geração a geração. Isso acontece tanto por meio da linguagem, em que fatos ocorridos com os familiares são narrados, não sendo esquecidos, quanto por sua ausência, em que acontece o oposto. Daí as transmissões psíquicas serem tanto da ordem consciente quanto da inconsciente: por vezes se transmite até mesmo o vazio.

Podemos dizer que Dani, nesse sentido, reinventou o modelo recebido de seus pais, embora o tivesse rompido em sua estrutura formal. Ela não se casou sob a heteronormatividade e nem teve uma filha para chamar de Teresa, mas se manteve no ambiente em que seus pais viviam, sob um casamento também conservador; contudo, sob paginação nova, acrescida de móveis e decoração do gosto das duas.

Dessa forma, ao manter e conservar o espaço que foi o de seus pais, ao reproduzir um casamento pautado pelos valores por eles transmitidos, Dani não deixou de se inscrever na cadeia do grupo familiar; porém, fundando sua própria subjetividade, ou seja, seu jeito de existir, fazendo a sua história e assumindo a sua herança.

Se o casamento não foi oficialmente reconhecido pelos pais, a presença de Nancy, no entanto, foi aceita como a da companheira constante, presente em todas as cerimônias familiares, como casamentos, batizados e enterros, participando da vida de todos. Estamos tratando da ordem do não-nomeado, embora exista o reconhecimento tácito, ou seja, é algo visto e é sabido com o que se relaciona, mas não merece um lugar definido na linguagem falada.

Já o legado de Nancy, se não infligiu a ela restrições quanto ao exercício da homossexualidade, como ocorreu com Dani, trouxe-lhe, porém, a necessidade de elaborações emocionais com relação à herança ligada à ausência materna.

Possivelmente por ser a caçula, já com 61 anos, com irmãos muito mais velhos do que ela, Nancy encontrou uma forma de pertencimento ao longo da vida que construiu com Dani. Hoje, mora no ambiente que sempre fez parte da vida da companheira e se sente nele inserida, até porque, depois de alguns anos, sua presença foi aceita pela mãe de Dani, tendo ambas constituído um vínculo de afeto e respeito.

Sobre a mãe de Dani, é possível supor que, se a homossexualidade da filha lhe foi insuportável por um período, a entrada de Nancy no núcleo familiar permitiu-lhe elaborar de alguma forma seus sentimentos hostis e movimentar-se rumo à convivência pacífica com as duas mulheres.

Embora não confirmado, já que estamos falando de uma relação que é reconhecida, mas não nomeada, o amor de Dani e Nancy foi capaz até de propiciar mudanças no comportamento da mãe – que, quando queria algo da filha, pedia a ajuda de Nancy...

7
DUAS MULHERES NO MUNDO HETERONORMATIVO

Dani e Nancy só formavam um casal quando na intimidade, a sós ou com os amigos também *gays*. Fora desse contexto, não expressavam nenhum tipo de afetividade que pudesse vir a denunciar a relação amorosa que mantinham.

Dani chegou a contar para o irmão sobre sua orientação sexual, ele a ouviu atentamente, teve postura solidária e de respeito, mas nunca mais tocou no assunto. Tanto Dani quanto a própria Nancy se referem a ele e sua esposa como um casal excepcional, que não apresenta nenhum tipo de preconceito. Diferentemente das irmãs de Nancy, que, ao se deparar com camas de casal em todos os quartos da casa de praia, reclamaram, achando um disparate.

Mal sabiam elas que essa havia sido a estratégia encontrada para, finalmente, as duas poderem ter uma cama de casal! Acontece que, em todos os apartamentos nos quais moraram, sempre havia o "quarto da Nancy"; enquanto isso, as duas dormiam em cama de solteiro... Brincando, Dani se refere a este fato como o causador de sua dor na coluna!

A dificuldade apresentada pelos familiares e pelo meio social de lidar com algo que difere do usual permeia as relações que estabelecem com os *gays*, de forma geral. Nas forças armadas americanas, ficou famoso o jargão *Don't ask, don't tell* ("Não pergunte, não conte"), utilizado a partir de 1993 para indicar que o melhor é deixar o assunto fora de visibilidade, ou seja, quanto menos dele se falar, melhor. Enquanto isso, porém, muitas heranças foram usurpadas de seus verdadeiros donos, no caso de morte de um dos parceiros – em tempos de AIDS, principalmente, mas não só –, por conta da ausência de legitimação das uniões homossexuais. Ou, também, devido a graves doenças e internações, por vezes a família não permite sequer a presença do companheiro / da companheira, quiçá sua opinião a respeito dos tratamentos a serem feitos.

E, por mais que se celebre a possibilidade de, em muitos países, os homossexuais terem seus direitos conjugais reconhecidos e legitimados, não nos esqueçamos de que, das 193 nações que compõem a Organização das Nações Unidas (ONU), somente 24 reconhecem as uniões *gays*. Importante ressaltar ainda que, desses últimos, quatro foram conquistas obtidas por meio do Poder Judiciário, como é o caso do Brasil.

Na realidade atual, os países contrários a esse direito estão localizados, em sua maioria, no continente africano, bem como no asiático, marcadamente pelo mundo muçulmano em suas muitas vertentes, com forte influência religiosa em suas estruturas governamentais. Convém acrescentar que, em alguns desses países, a homossexualidade pode ser punida com a pena de morte, caso de Irã, Arábia Saudita e Iêmen (Ásia), Mauritânia e Sudão, alguns estados de Nigéria e Somália (África); com prisão perpétua, como no Paquistão e em Serra Leoa; ou com aprisionamento por vários anos, como no Afeganistão e na Argélia.

No Brasil da atualidade, correntes não conservadoras tentam, já faz muitos anos, legalizar tais uniões, mas a pressão de lideranças ortodoxas e religiosas sempre foi muito forte, inibindo tal intenção – desde 1995 tramita lei a esse respeito (UZIEL, 2008).

Essa situação hostil tem que ser encarada e enfrentada, porque o preconceito pode vir a se transformar em armadilha para os próprios *gays*, que, na medida em que não encontram pertencimento social na esfera amorosa, fundamental enquanto vivência, podem vir a enfrentar dificuldades de se aceitar e à sua orientação sexual. Nunan e Jablonski (2002), em pesquisa sobre o universo homossexual masculino carioca, pontuaram que foi a partir da construção do fenômeno da subcultura *gay*, ou gueto, que muitos deles encontraram apoio para não sucumbir ao preconceito.

Porém, nem mesmo o grupo de iguais pode dar conta de tantos sentimentos de hostilidade, principalmente quando originados do núcleo que, em princípio, deveria ser o primeiro a apoiar a pessoa LGBTI: a família. Vale lembrar que o número de suicídios entre adolescentes e jovens homossexuais é bastante expressivo.

Para ter uma ideia dessa falta de apoio e de seu resultado, basta olhar os dados colhidos em uma pesquisa com mais de 15 mil adolescentes entre 14 e 18 anos nos Estados Unidos, a *National Youth Risk Behaviour Survey 2015*. Enquanto 11,9% dos jovens heterossexuais entrevistados planejavam se matar, o índice subia para 34,9% no grupo dos LGBTI. Entre os que haviam efetivamente tentado o suicídio, as porcentagens eram de 6,3% no grupo dos heterossexuais, enquanto em *gays* e afins subia para 24,9%. Verdadeira chaga social (4).

Nota
4. *LGBQ teens face serious suicide risk, research finds* (CNN, 19/12/2017, reportagem assinada por Jen Christensen). Disponível em: http://edition.cnn.com/2017/12/19/health/lgbq-teens--suicide-risk-study/index.html

8
VIVENDO SOB DISFARCE

Dani e Nancy vêm a simbolizar um fenômeno ocorrido nos anos 1990, dentro do tema de construção da identidade, em que algumas lésbicas se comportavam e se vestiam de modo a não serem identificadas como tais e, assim, permanecessem afastadas dos estereótipos de outras homossexuais (HEILBORN, 1996; 2004). Denominadas pela imprensa como *lesbian-chic*, essas mulheres não apresentavam a usual distinção associada ao gênero, segundo a qual existiria uma polaridade masculina, ligada à postura sexual "ativa", e outra feminina, ou seja, "passiva". Na situação deste casal, que não apresentava essa polaridade, não foi difícil permanecer na invisibilidade.

Embora as pesquisas indiquem que a revelação de ser *gay* é um passo importante para a consolidação da identidade, é fato que, ao mesmo tempo, isso expõe o casal e seus membros individualmente a estranhamentos e críticas. Dessa forma, manter-se discreto, para a geração que tem mais de 60 anos, caso de Dani e Nancy, é, além de estratégia, também um estilo de vida (KNAUER, 2011).

Assim, ambas colocaram que a necessidade do disfarce sempre esteve presente na vida do casal – e narraram a estratégia utilizada para comemorar os 25 anos de casamento em meio aos amigos *gays*, mas também com a presença dos familiares queridos de ambas. Escolheram um *buffet* sofisticado, com ambientes amplos, falaram à família que iria ser uma comemoração de aniversário de vários amigos. Desse modo, não havia necessidade de presentes ou cumprimentos, o que afastou eventuais constrangimentos, e a festa foi um sucesso, porque os irmãos e sobrinhos de ambas sempre se deram bem com seus amigos, enquanto estes respeitavam a privacidade das duas e entendiam a necessidade do disfarce. Todos dançaram e se divertiram a valer, e elas puderam comemorar uma data tão importante ao lado das pessoas que amavam.

Quando perguntadas se haviam legitimado a relação amorosa por meio de União Estável, Dani respondeu: "Não, ainda". Quando questionadas se haviam feito testamento, Nancy disse: "Ainda não"; Dani, "Também não!", e riu. Nancy continuou: "Precisamos fazer", mas Dani justificou com uma impropriedade, "É, isso para mim também me pega muito, porque eu tenho contato com fornecedores, aí, se eu ponho assim, bom, aí, se eu tenho que alterar meus contratos, é civil, é civil".

Informação importante: Dani não estava ciente de que apenas o casamento altera o estado civil do indivíduo; a União Estável, não, as pessoas permanecem como solteiras nos documentos pessoais.

EVOLUÇÃO DAS NORMAS SOBRE UNIÕES HOMOAFETIVAS NO BRASIL

1995
Projeto de Lei nº 1.151 – Nunca foi votado

Disciplina a união civil entre pessoas do mesmo sexo e dá outras providências.

2002
Artigo 1.723 do Código Civil – Título III, "Da União Estável" – Não foi alterado.

"É reconhecida como entidade familiar a união estável entre o homem e a mulher, configurada na convivência pública, contínua e duradoura e estabelecida com o objetivo de constituição de família".

05/05/2011
Conclusão de julgamento de Ação Direta de Inconstitucionalidade (ADI) 4.277 e a Arguição de Descumprimento de Preceito Fundamental (ADPF) 132.

Com base no artigo 3º, inciso IV, da Constituição Federal, que veda qualquer discriminação em virtude de sexo, raça, cor, o Supremo Tribunal Federal (STF) reconheceu a família homoafetiva, conferindo aos casais homossexuais o direito à união estável. A decisão tem efeito vinculante, obrigando todos os juízes e tribunais a seguir a interpretação do STF.

15/05/2013
Resolução nº 175/2013 do CNJ, dita "Lei do casamento homoafetivo".

O Conselho Nacional de Justiça (CNJ) aprovou nova resolução que obriga os cartórios de todo o país a celebrar o casamento civil entre casais de mesmo sexo e converter em casamento a união estável homoafetiva.

Interessante é indagar se o fato de não ter legalizado a relação com Nancy representa uma dificuldade apresentada principalmente por Dani, já que ela é a pessoa que gerencia a vida financeira do casal, mantém a estrutura na qual ambas vivem, tem as propriedades, é a empresária; Nancy teve uma vida profissional também com vitórias, chegando a postos de liderança, mas de menor compensação financeira do que a da parceira.

Voltando a Kaës (2011) e seu conceito de "sujeito da herança", em que ser sujeito também implica se sujeitar a algo, bem como a tudo o que antecede na vida da pessoa, dimensiona-se o peso do legado heteronormativo sobre Dani. Lembrando que esses sentimentos foram vivenciados durante sua adolescência e início de juventude, é possível ter uma ideia do quão sofrido deve ter sido para ela não se sentir parte do enredo familiar materno; ser acusada de responsável por esse rompimento; não ser capaz de resistir ao desejo homossexual.

Sem ninguém em quem se mirar, perseguida pela mãe e com uma identificação com o pai, possivelmente o frescor de novidade que a vinda de Nancy lhe trouxe a tenha contagiado, juntamente com a beleza. Nancy apaixonou-se por inteiro, e essa disponibilidade, essa confiança, esse otimismo, pode realmente ter assustado Dani – daí sua viagem, reconhecendo-se enredada por sentimentos muito intensos despertados por Nancy.

Dani e Nancy demonstram muitas similitudes – por exemplo, quanto a ver o casal como um fator protetivo, o que implica troca de afeto e carinho. Mas também são complementares, no sentido de Dani trazer a provisão, a sustentação, enquanto Nancy promove a aposta na esperança.

Dessa forma, não se percebe que o contexto adverso em que este par desenvolveu sua história tenha acarretado prejuízos ao relacionamento, conforme achados de Downey e Friedman (1995). Possivelmente, por dispor de recursos financeiros, as duas tenham conseguido compensar os movimentos hostis da sociedade, tanto por meio do refúgio que encontravam na casa de praia quanto por toda a liberdade que adquiriam quando em viagens, principalmente as internacionais. Eventuais renúncias podem ter sido compensadas assim.

9
CRISES: MOMENTOS DE AJUSTES

Hoje, no dizer de Dani, a dupla alcançou a idade da serenidade. Elas nem se lembravam mais da última vez que haviam brigado – durante a entrevista, ficaram conjecturando se seriam dois, três anos, e não recordaram o motivo. Mas nem sempre foi assim: no início da relação, Dani era muito ciumenta e dominadora, pressionava Nancy para que esta fosse diferente e, por um período, as brigas se intensificaram, chegando à agressão física – "Nos estapeamos algumas vezes, poucas". Ou seja, as agressões foram pontuais e cessaram, não era um aspecto estrutural do casal, foram reativas a situações difíceis que viviam.

O disfarce, quando em situações sociais, pode vir a ocasionar muitos conflitos ao casal, porque o mundo heterossexual está pautado por várias regras de conduta, capitaneadas pela argola dourada ostentada nos dedos anulares esquerdos. Se um dos integrantes do casal é assediado, por exemplo, existem regras nítidas de reação ao conquistador – o mesmo não acontece ao par homoafetivo. No caso, Nancy estava envolvida por uma turma nova no trabalho, pessoal que se reunia muito em barzinhos, sempre foi uma pessoa atraente; então, Dani, sem acesso a esses momentos, descontrolava-se, já que ela não existia para essas pessoas e não tinha como saber o modo de Nancy se comportar na companhia delas.

Segundo o psicanalista francês Alberto Eiguer (2010), um dos pioneiros da terapia familiar, crises são processos cujos desdobramentos se iniciam a partir de um fato que provoca estranhamento no outro, como se, de repente, os dois, que eram um só, começam a não mais se reconhecer. Isto é, há uma quebra em relação à identidade de quem é aquele que se apresenta e, com isso, abertura a sentimentos de dúvida, trazendo instabilidade para o vínculo. Dessa forma, angústias advindas da incerteza sobre a relação começam a se potencializar. A crise gera tentativas de compreensão sobre o acontecido, e esse esforço é comumente baseado nas vivências da pessoa – se construtivas ou negativas –, o que irá determinar a sequência do conflito, que pode vir a se manifestar como violência simbólica e até física, como ocorreu no caso de Dani e Nancy.

O confronto com a realidade do outro, contraposto ao processo de enamoramento conduzido pela idealização, pode produzir no casal, por vezes, a não aceitação e, daí, o conflito: Dani, por exemplo, aparentemente insegura e movida por seus ciúmes, tinha necessidade de ter controle sobre Nancy, queria moldá-la.

Nancy: Eu tinha vontade de perguntar para umas amigas, conversar [sobre isso], entendeu? Mas não tive essa... Era muito fechada, sabe? E, principalmente, porque a gente estava se agredindo. Então, eu acho que isso também é constrangedor você falar. Hoje, eu não tenho problema de falar nisso, mas, na época, era muito constrangedor, por que... É constrangedor. É.

Ou seja, além de passar por uma crise, o casal *gay* não conta com nenhum apoio externo. Além do mais, o fato de assumir uma relação homossexual entre mulheres em que entra a violência não é tarefa simples de ser enfrentada (NUNAN, 2004).

Assim é que, no começo, espera-se ficar com o bom e curar magicamente o que é inaceitável. Quando se constata que os aspectos bons e maus são indissociáveis, é comum ocorrerem depressão e movimentos que oscilam entre a regressão e a imposição; ou seja, forçar o parceiro a cumprir o pacto e corresponder às fantasias idealizadas do início da relação (LEVY; GOMES, 2011, p. 46).

De algum modo, Dani e Nancy elaboraram esse conflito e conseguiram superar as dificuldades de aceitação do diferente no outro, em que cada uma era única, e não mais a projeção da outra, como no enamoramento. Mas nunca dormiram brigadas – sempre houve conversas depois dos atritos. Até demais, no dizer de Nancy, visto que Dani passou por psicoterapia em grupo por sete anos, fazendo uso da fala como forma de elaboração de conteúdos.

10
OS MUITOS NÓS DO LAÇO AMOROSO

Podemos dizer que a estrutura conjugal que Dani e Nancy compuseram tem aspectos bem claros de fusionalidade; em outras palavras, elas fazem a maioria das atividades juntas, não têm amigos particulares, somente do casal, nem se aventuram em relações sociais heterossexuais, ou seja, criaram um mundo para si, com pouca abertura para o exterior.

Porém, e aqui entra a diferenciação: é esperado que casais de mulheres tenham formatação fusionada, o que é atestado em pesquisas. Sendo mulheres, têm ciclicidade hormonal, que, muitas vezes, chega a alterar drasticamente seus comportamentos, seja causando dores, seja provocando instabilidade de humor. Se formos levar em conta as características de gênero construídas socialmente com embasamento na biologia, a intensidade emocional é mais marcada, embora se saiba que, nessa questão, tudo deve ser relativizado, dada a diversidade humana.

> **Nancy:** Às vezes, a gente fica brincando, 'Bom, se eu arrumar alguém, se eu arrumar alguém... Coitada!' (Ri). De nós e de quem entrar, porque é muito confuso, não é? É muito tempo, já não sei mais nem... Tem umas horas que a gente não sabe mais o que é um, o que é o outro. É complicado.

Pode-se pensar, como McKenzie (1992), que a necessidade que ambas tiveram de se preservar, e à sua união, talvez tenha funcionado como um instrumento de manutenção da integridade do par. Mecanismo de defesa necessário e estratégico, que, contudo, não as impediu de se desenvolver individualmente, nem a relação de amadurecer a ponto de poder conter, por exemplo, amizades com mulheres e, por que não, o desejo de contar e ver divulgada sua história de amor.

Ressalte-se que, na literatura associada aos héteros, em grande parte casais fusionados têm dificuldade de lidar com a realidade, ou seja, como vivem idealmente uma fantasia de completude, podem vir a se frustrar quando em contato com as limitações impostas pelo dia a dia (MAGALHÃES; FÉRES-CARNEIRO; GORIN, 2013). Este dado não foi observado neste casal, levando a que alguns conceitos teóricos tenham que ser transformados.

Para Nancy, ter alguém em quem se apoiar também era necessário; desse modo, procurou apoio na outra, com quem se completava, mas seu movimento era diferente: ela saía em busca – foi quem se candidatou à pesquisa, quem falou das crises de ambas, seja de agressividade, seja sexual, e quem se expôs sem defesas aparentes. Podemos interpretar que existia uma insatisfação não nomeada em Nancy, que a lançava sempre ao movimento.

Por meio da análise das histórias de ambas, vislumbramos um casal em cuja dinâmica talvez existisse a necessidade em Dani de sustentar financeiramente a estrutura, mantendo Nancy dela dependente, do mesmo modo como ela dependia de Nancy, mas em outro aspecto, o emocional. Nancy era mais independente do que Dani; esta, sim, necessitava do amor reafirmado. Neste ponto, considero que, além dos contratos conscientes firmados entre os dois do par, também há acordos inconscientes que são estabelecidos e fazem parte dos vínculos construídos. Embora desconhecidos, lançam suas influências e, muitas vezes, acabam por ser os verdadeiros elos a unir um casal.

Aspectos inconscientes de resistência podem ser pensados a partir do fato de Dani não legitimar o relacionamento, de modo a garantir direitos patrimoniais a Nancy e incluí-la em sua família, desejo manifesto da parceira. Mas isso é apenas uma inferência. Da mesma forma, outra dedução tem a ver com o fato de Dani proporcionar a Nancy um tipo de vida em que o entretenimento, como as viagens, constituem, para ela, um elemento fundamental em sua vida. Pode-se entender esta prioridade ao pensar que, nesses momentos fora de seu cotidiano, Nancy consiga se afastar da angústia da perda, marcada pela indisponibilidade materna, ainda presente.

Artigo de Riggle, Rostosky e Prather (2006), que resulta de pesquisa sobre planejamento avançado de medidas para evitar a vulnerabilidade de membros de casais homossexuais não oficializados, trouxe a informação de que a legitimação da relação está associada a alguns fatores, o primeiro deles, o tempo de relacionamento – quanto mais o casal avança nos anos, maior a probabilidade de se legitimar. Em sequência, vem o fato de a relação ser reconhecida pelo meio familiar, o que também, aparentemente, conduz o par homossexual a estabelecer testamentos ou a se formalizar mediante União Estável. Nos EUA, refere o mesmo estudo, entre 131 casais não legalizados de mesmo sexo, as principais disposições preventivas adotadas estão: confecção de testamento; estabelecimento de procuração para decisões sobre finanças e saúde; e testamento vital – isto é, declaração de vontade sobre tratamento médico em caso de doença terminal ou impossibilidade de manifestação sobre a própria saúde.

Não temos dados para avaliar as motivações inconscientes de Dani para não promover a legalização de sua relação amorosa com Nancy; conscientemente, ela manifestou o receio de prejudicar sua vida profissional. Uma hipótese é que a família numerosa de Nancy (no momento da entrevista, dezenove sobrinhos-netos, filhos de seus dez sobrinhos), possa lhe trazer preocupações com o reconhecimento do casal em termos patrimoniais, caso ela faleça antes de Nancy. O legado paterno de Dani, assim, teria que ser dividido com os herdeiros de Nancy.

O que se pode notar, porém, é que, conforme as mudanças ocorreram na sociedade, criando um ambiente mais afeito à diversidade, o casal iniciou uma nova fase quanto à visibilidade do relacionamento e a sua assunção social: seis meses antes da entrevista, pela primeira vez, elas haviam constituído uma conta conjunta bancária com "e/ou". Outro dado: assim que receberam o convite para participar deste trabalho, candidataram-se. Contaram que, no meio dos amigos, essa atitude foi recebida com certo estranhamento, como se a finalidade do estudo não justificasse a exposição de suas vidas. Finalmente, quando da segunda entrevista, avisaram à pesquisadora que haviam decidido não mais manter o "quarto da Nancy" – aquele do disfarce. Como precisavam de um lugar para ser escritório, resolveram mudar o mobiliário.

Foi significativa a fala de ambas, como se realmente estivessem se livrando de um fardo.

Dani: Agora chega, agora chega!

Nancy: Encheu meu saco. Estou precisando de... De uma mesa maior para trabalhar...

Dani: Chega! Agora, definitivamente, vai ser um escritório, certo?

11
O AMOR SUSSURRADO

Sem dúvida, pode causar certa incredulidade o fato de Dani e Nancy terem passado anos a disfarçar a cama de casal que dividiam, mesmo em se tratando de duas mulheres adultas, independentes, ambas com grau de escolaridade superior e pertencentes às camadas média e média-alta sociais.

Porém, quando se trata de populações tomadas como minorias, embora nem sempre o sejam, como é o caso das mulheres, é preciso considerar aspectos que lhe são peculiares. Irei me deter em um deles, apoiada em um filósofo francês chamado Didier Eribon (2008). A hipótese da qual partilho é a de que todo homossexual, em algum momento de sua vida, tenha sido ferido pela injúria, direta ou indiretamente, associando-se este momento à categoria de um evento traumático. Não o fato de se reconhecer dessa forma, mas a rejeição do meio a esta possibilidade de vivência amorosa – para se defender de tal hostilidade, pode ser a necessária construção de defesas psíquicas perante o assunto; muitas vezes, disso resultando a auto-homofobia, ou seja, o preconceito internalizado. O mesmo pode acontecer quando se vive sob disfarce, o que viria a gerar angústias duradouras e estruturas rígidas de defesa (DEUS, 2014).

Se a sociedade é o espelho que, ao nos refletir, permite que nos inteiremos em nós mesmos e ante o pertencimento humano, o fato de uma pessoa ser identificada como alguém diferente, que rompe os padrões instituídos e move as pessoas a se confrontar com sentimentos hostis primitivos, pode vir a causar fraturas em sua autoestima a ponto de a única saída ser seu desaparecimento (TOLEDO; PINAFI, 2012). Ela não se sente aceita; não se sente pertencendo a um grupo; o que lhe vem é a exclusão, o ser diferente, o gostar de algo que todos condenam. Porém, pela via oposta, pode também favorecer o protagonismo de uma existência única, regida por suas próprias escolhas – a experiência clínica mostra que ainda é evidente a pressão para que os filhos se casem convencionalmente e gerem netos, sendo em geral rejeitada a opção homossexual, mesmo com uma parentalidade jovem e bem preparada intelectualmente.

Já no caso de homossexuais masculinos e lésbicas sem discordância aparente entre sexo e gênero, o nível de estresse sofrido por este grupo, como um todo, está presente a cada momento no que tange ao dilema sobre se vale ou não se revelar. À família, aos amigos, à escola; no trabalho, ao médico, ao psicoterapeuta, ao objeto de desejo, como fazê-lo? De que maneira enfrentar a possibilidade de não aceitação do que, para si, é o que há, talvez, de mais verdadeiro? (SEDGWICK, 2007).

A ocultação das vivências *gays*, em contrapartida, conduz essas pessoas à possibilidade de conhecer e, portanto, de confrontar discursos e posturas preconceituosos daqueles com quem elas têm convívio afetivo. O resultado é angústia pela possibilidade de rejeição e de perda dos laços sociais. A homofobia está ali, presente em frases que denotam ofensas claras e unívocas – qual mãe deixaria seu jovem filho se consultar com um psicólogo assumidamente *gay*? Ou sua filha adolescente ser atendida por uma ginecologista lésbica? E estudar com professores homossexuais, da pré-escola à universidade? Enfermeiros? Treinadores esportivos?

Daí fazer todo o sentido o ponto de vista trazido pelo sociólogo e psicanalista A. C. S. Paiva (2007, p. 25), segundo o qual a não enunciação de si é, justamente, uma das formas "... de resistir ao assujeitamento, ao discurso e ao olhar do outro", de resguardar uma esfera que é privada, não a revelando publicamente. Esta é uma especificidade do viver *gay* que precisa ser conhecida e dimensionada, porque pode vir a ser interpretada como o não dito que não é assumido, não considerando que, ao contrário, é uma estratégia de sobrevivência que vem a indicar qualidade de adaptação.

PARTE II
DONATO E TOMÁS

12
O DESEJO DE ESTAR JUNTO

A relação amorosa de Donato e Tomás teve início nas noites paulistanas dos anos 1980, período em que se vivia o início do prazer da liberdade, tão cerceada pelos anos de repressão, momento em que bares e boates *gays* "ferviam" pelas madrugadas afora. Assim eles se conheceram. Logo em sequência, Donato convidou Tomás para dar uma volta de carro e, em meio ao passeio, os dois começaram a falar de si e a se ver atraídos um pelo outro. Donato estava com 33 anos, Tomás, com 29.

Os encontros ficaram constantes, e o namoro começou. Com um aspecto ímpar: Donato só encontrava Tomás à noite. Demoraram seis meses para se olharem à luz do dia!

Na verdade, Tomás tinha muita vergonha de ser *gay*... Mantinha sua vida sexual com encontros fortuitos, descompromissados, uma vida dupla e à parte da que tocava durante o dia, quando trabalhava. À noite estudava, chegando a fazer duas graduações; ao final das aulas, saía para suas aventuras.

De origem operária, nascido em família numerosa e tradicional, com ampla rede de tios, tias, primos e primas, todos com papeis já previamente definidos, Tomás demorou a entender sua sexualidade. Revelou que, aos 7 anos, sentia-se excitado ao ver fotos de homens nas revistas, e que, quando maior, juntamente com os amigos, "pegava" os meninos bobinhos... Durante a adolescência, praticando esportes e tendo se desenvolvido, sentia-se atraído pelos garotos, mas também percebia certo interesse pelas meninas, já que "todo mundo tinha uma namorada", lembrou. Em uma temporada na praia, ao mesmo tempo em que tinha experiências sexuais com meninos na areia, namorava uma garota em quem dava beijos.

Tomás irá ter sua primeira relação sexual com um homem aos 17 anos de idade. Mais velho e depois de assediado, ele sentiu pela primeira vez seu corpo encostado ao de outro, descobrindo seu real desejo. Mas essas sensações o perturbavam – depois de um encontro, ao entrar em um ônibus, sentia seus lábios inchados e procurava disfarçá-los, achando que todo mundo em volta estava sabendo o que ele tinha feito. O sentimento de estranhamento era imenso para ele.

Após a morte de seu pai, como muitas vezes acontece, o filho alcança uma liberdade até então não concedida – e, aos 24 anos, Tomás conheceu um homem adulto e amadurecido, levando-o a entender um pouco mais de seu desejo. A partir daí, passou a ter vida sexual intensa, sempre com homens mais velhos e com características viris, como barba, bigode, pelos. Mas foi Donato o seu primeiro e permanente amor, sua primeira relação de entrega de fato.

Até hoje, Tomás não comenta com a família sua relação com Donato, mas considera que todos estão cansados de saber, dado que Donato é presente em sua vida. Todos o tratam com naturalidade, mas sem precisar falar a respeito.

Com Donato, a conscientização sobre sua sexualidade havia sido completamente diversa, pois desde cedo se sentia diferente e assim queria ser. Com um irmão gêmeo, Donato jamais gostou de partilhar o nome com seu pai, nem do "Filho" em seu sobrenome, e muito menos de ser confundido com seu irmão.

Dessa forma, sempre apresentando estilo diferente, já que seu irmão foi o herdeiro dos negócios paternos, Donato não negou quando perguntado sobre sua orientação sexual: em determinada ocasião, o pai quis saber dele o que achava de beijar outro homem e ficou horrorizado quando ouviu como resposta "Normal". De outra feita, inquiriu se ele era "passivo" ou "ativo", recebendo de Donato a contra-pergunta: "Alguma vez eu perguntei como você transa com a minha mãe?".

Uma noite, o pai lhe disse: "Olha, eu tenho vergonha de falar o que me contaram sobre você". Na manhã seguinte, procurou Donato em seu quarto e foi direto: "Donato, você é homossexual?". O filho, ainda sonolento, disse-lhe: "Sou, posso dormir?". Donato lembrou que este dia foi todo diferente em sua casa: o pai não foi trabalhar e, pela primeira vez, embebedou-se. Depois, algumas horas mais tarde, quando conversaram, o pai lhe disse que havia pensado em mandá-lo embora de casa, mas concluído que isso não resolveria nada. Donato, com 24 anos, enfrentou-o, dizendo-lhe que precisava ser muito homem para assumir a própria homossexualidade perante um pai conservador.

> **Donato:** É, meu pai era machista e foi evoluindo. (...) ele sempre foi uma pessoa muito ponderada. No princípio, eu falava assim, porque sempre ele me achou meio doidinho, né? (...) E, eu acho, assim, eu soube uma coisa muito bonita do meu pai, mas depois que ele morreu. (...) eu discuti muito, não no sentido de briga, mas porque nós éramos muito diferentes. Eu contei pro meu pai que eu era *gay* com 23 anos. Eu estou falando isso quase 40 anos depois, que ele não aceitou, né? 'Eu vou morrer e não vou aceitar, mas o fato é esse e a gente vai conviver.' Porque uma vez eu falei para ele, 'Eu não vou mudar e nem você vai mudar, e nem quero. Eu acho que a sua posição é muito difícil, mas a gente vai ter que ter uma convivência, um respeito, e vai ter que ser, a gente vai ter que conviver e respeitar'.

13
FAMÍLIAS: O ESPAÇO E SUA FALTA

Donato sabia ser o predileto do pai; tinha confiança no vínculo que havia entre os dois, a ponto de expor sua homossexualidade e, com ela, a quebra da descendência para um pai que vivia para os filhos – e, bem provavelmente, sonhasse ser avô e ter netos. À época, esse desvelamento não era comum nas famílias, a menos que ocorresse algum imprevisto e o segredo fosse revelado, pois o tema homossexualidade não era sequer mencionado em conversas sociais, pertencia à área das proibições.

Essa sua certeza vinha do fato de que, embora o pai sempre o criticasse por querer ser diferente, ao mesmo tempo sua atitude destoava da fala, pois fazia todas as vontades do filho – por exemplo, com relação à escola, era Donato quem escolhia o lugar em que queria estudar, entre outros caprichos.

Donato reconheceu que o comportamento permissivo do pai fez com que ele não se objetivasse na vida, principalmente no quesito profissional. Ele nutria profunda admiração por esse homem de origem modesta, que trabalhava desde cedo, ainda criança, com 7, 8 anos, e arduamente construiu um grande patrimônio, propiciando uma vida de alto padrão à família. De índole mansa, conciliador, casou-se com a mãe de Donato, mulher muito bonita, tendo verdadeira paixão por ela. Dedicando-se somente à mulher e aos filhos, afastou-se de sua família de origem.

Seu pai faleceu inesperadamente aos 61 anos, a idade em que Donato se encontrava no momento da entrevista, tendo sua mãe sobrevivido a ele até seus 80 anos, sendo descrita como uma mulher que, de muito durona, foi amolecendo com o passar do tempo. Aparentemente, o falecimento do pai de Donato a libertou – de figura embrutecida, calada e com dificuldade de lidar com a homossexualidade do filho, passou a ser figura simpática, alegre, convivendo afetivamente com Tomás.

Porém, sempre um clima denominado por ele de "respeito" cercava a relação dos dois – por exemplo, quando voltavam de um passeio, convidavam uma amiga para estar junto, para que seus pais não se chocassem quando vissem somente os dois rapazes chegando. Também nunca expressaram nenhum tipo de afetividade em família, e isso permanece assim. Donato comenta que suas irmãs e irmão também não o fazem com seus respectivos parceiros e parceira, ou seja, são todos discretos em suas expressões afetivas.

E Tomás sempre entendeu essa preocupação de Donato – aliás, foram necessários dois anos até que Tomás introduzisse Donato em sua família... Achava-o muito diferente de seu contexto, um meio de pessoas que só trabalhavam, com pouca diversão; considerava Donato um *bon vivant*. Surpreendeu-se ao conhecer a casa de praia da família dele, que considerou "uma mansão", bem como o fato de o pai de Donato ter conta no posto de gasolina – bastava ir lá e encher o tanque, sem se preocupar com o pagamento, algo impensável para Tomás. Ele se deslumbrou.

Donato, por sua vez, sentia-se contente por propiciar essas vivências a Tomás, pois o admirava justamente por se parecer com seu pai – ambos partilhavam o fato de terem sempre trabalhado muito e, com este suor, construído um patrimônio.

> **Donato:** Quando eu soube da história do Tomás... 'Ai, gente, que cara maravilhoso! Me encantou essa história!' Sabe, um cara que batalhou, que... sabe? Que veio, como o meu pai, de baixo?

Assim, ele foi em busca de um casamento sem brigas, com companheirismo e respeito, baseado no amor romântico, como o de seus pais. Pelo fato de se sentir muito bem como *gay*, não querendo nunca ter sido diferente do que era, foi capaz de dar a mão a Tomás e descortinar para ele um viver sem medo e aberto ao desejo que os habitava.

14
TEMPOS DE NAMORO, ENCONTROS E DESPEDIDAS

Os dois rapazes se viram atraídos por suas configurações físicas: Tomás gostava de "homens-ursos", ou seja, fortes, peludos, com barba e bigode, e Donato correspondia a isso. Por sua vez, Donato gostava de homens bonitos, e Tomás tinha esse perfil, além de ser alto, mais um atrativo. Mesmo depois de tantos anos, Donato diz que se encanta com as ruguinhas que Tomás apresenta na barriga...

Mas suas vidas no passado tinham, na verdade, muitas diferenças, pois, enquanto Tomás dava duro, trabalhando, estudando e cedo comprando carro e apartamento, Donato ainda era sustentado pelo pai e nem se preocupava com o futuro, pois tinha como certo que iria sempre dispor de um porto seguro, proveniente dos bens paternos.

> **Tomás:** Ele era um moleção. Não, você tinha 29, 30 anos e não sabia o que queria da vida, o que se trabalhava, você não sabia... Mas, na verdade, assim, esse lance do pai dele, o pai dele, agora vou fazer uma crítica, o pai dele sempre quis proteger os filhos e, na verdade, isso foi uma coisa ruim, uma criação totalmente diferente da minha, entendeu? No sentido de proteger.
>
> **Donato:** Em termos de realidade, nós dois éramos completamente diferentes.
>
> **Tomás:** Eu era o pobre e ele era classe média alta, o riquinho, e eu, o pobre. Mas, assim, eu trabalhava, eu tinha o meu carro, eu pagava a minha faculdade (...) Eu já tinha feito uma faculdade...
>
> **Pesquisadora:** Era com mais sacrifício...
>
> **Tomás:** Mas era... minha vida era sacrificada, mas eu nunca fui muito sacrificado, em relação às outras pessoas que eu vejo por aí. Por exemplo, eu nunca peguei ônibus na minha vida.

Depois de três anos de namoro, a melhor amiga de Donato resolveu fazer uma viagem à Alemanha e o convidou a acompanhá-la. O pai o apoiou e financiou. Mesmo dividido pelo sentimento que tinha por Tomás, e como este não podia e nem queria ir, não resistiu a esta aventura. Romperam. Mas logo Donato se arrependeu, embora tenha passado quase um ano no exterior e, com isso, vivenciado culturalmente o que queria. Começaram a escrever diariamente cartas um para o outro e, com isso, paulatinamente, foram se envolvendo de modo mais profundo.

O namoro, ante a viagem de Donato, viu-se desfeito em cotidianidade e em fidelidade, como se acordos tivessem sido quebrados, mas permaneceram alianças inconscientes, que continuaram ligando um ao outro. Alianças que também se sustentavam, conscientemente, no que eles tinham vivido nos três anos juntos – Donato chegou a sair com alguns homens durante sua viagem, mas com nenhum sentiu o que Tomás nele despertava. Este, por sua vez, voltou às saídas noturnas e descompromissadas, cumprindo um papel em que não se reconhecia mais. As cartas não os deixaram se desligar, daí serem guardadas como tesouro.

Quando Donato decidiu voltar e comunicou isso a Tomás, pensou que iria ser recebido de braços abertos, mas não. Tomás deixou claro que, se o motivo para voltar fosse ele, que não o fizesse. Que voltasse, mas por si mesmo.

Donato: Tomás, deixa eu contar uma coisa muito bonita.

Tomás: O quê?

Donato: O Tomás, se eu estiver errado, mas você me falou depois que eu voltei. Ele falou, 'O dia que você tomou a decisão de ir pra Alemanha, eu fui chorando de onde nós estávamos até minha casa'.

Pesquisadora: Deve ter sido traumático... Veja, é a primeira pessoa para quem você se abre...

Donato: Você me falou, eu não minto. Ele falou: 'O que eu queria, no momento, era falar pra você, não vá. Mas eu não tinha esse direito.' Isso eu não sei se você se lembra... Isso é uma coisa muito clara. Quando nós chegamos na Alemanha, para você ter uma ideia, eu fiquei lá um ano, deu quase um ano (...) Praticamente era uma carta por dia, e eu tenho todas essas cartas que mandei pro Tomás, dá um livro, é um diário, e cada vez nós fomos nos envolvendo mais, porque, na minha cabeça passou assim, 'Pô, eu convivi com o Tomás e foi ótimo; só que não conviver com o Tomás é muito ruim'.

Pesquisadora: Você sentiu a ausência dele.

Donato: Eu sabia que estava apaixonado e não tinha a pessoa do meu lado.

Desde então, nunca mais se separaram, mantendo uma união marcada por respeito, cuidado, parceria e muitos acordos, já que os dois são muito diferentes em seus hábitos e desejos.

As mães, no caso dos dois, são emblemáticas de suas escolhas, pois Donato, embora já vivesse com Tomás, mantinha seu estúdio fotográfico no apartamento da mãe, viúva, como forma de estar sempre por perto no cotidiano dela. Tomás, em contrapartida, ainda com mãe viva, mas muito doente e dependente de cuidados intensivos, passou a atendê-la duas vezes por semana, inclusive dormindo na casa materna.

Dessa forma, vê-se que o cuidado é um valor que tonaliza a relação deles e se apresenta em suas falas de forma espontânea:

Tomás: Tem muito cuidado, das duas partes, de ambas as partes. Ser atencioso, isso é muito importante!

Donato: Eu estou na rua, 'Olha, Tomás, estou chegando do trabalho, comprei este pão doce que você gosta', sabe? Eu acho que esse cuidar numa relação é legal.

15
AMOR PARTILHADO, DINÂMICAS COMPLEMENTARES

Donato e Tomás estão juntos há mais de três décadas. Durante todo esse tempo, segundo o relato de ambos, nunca se separaram, nem se traíram um ao outro, nem apresentaram conflitos insuperáveis. Não têm testamento, nem fizeram União Estável. Diz Donato: "Ainda". A ideia de casamento os desagrada. Donato até faz certo deboche da imagem de dois noivos, caindo na risada.

Donato identificou que trouxe para o relacionamento o respeito à individualidade do parceiro, bem como o tratamento que via em seus pais – gostava de falar baixo, nem em brigas permitia que Tomás elevasse a voz – o qual, vez por outra, nem percebia ter subido o tom.

Revelaram-se complementares: Donato descortinou o mundo para Tomás, de origem mais simples, e Tomás atualmente é um homem refinado. Por sua vez, Tomás ajuda Donato em sua desorganização quanto ao dinheiro e em sua instabilidade emocional – Donato toma antidepressivo, mas dentro de certo padrão de funcionalidade. Também foi sonâmbulo por quarenta anos – os episódios não aconteceram quando morou por um ano na Alemanha e a partir de quando passou a viver no atual apartamento, ao lado de Tomás, quinze anos atrás.

Ambos reverenciam a individualidade, embora estejam quase sempre juntos – veem televisão de mãos dadas, procuram se agradar em pequenas coisas, conversam sobre tudo; mas, se um quer ver filmes e o outro, ficar no computador, fazem isso sem problemas. São discretos, embora todos no prédio em que moram os conheçam – são muito queridos pelos vizinhos.

> **Donato:** E o Tomás sempre foi o meu prumo, mas sem dependência. Eu não preciso dele para viver. Se amanhã eu não o tiver, porque ele morreu, porque ele me deixou, eu vou sofrer muito, mas eu sei que minha vida vai continuar.
> (...)
>
> **Tomás:** Então eu falo, 'eu vou na minha mãe, você quer ir? Vá se você quiser, eu vou fazer isso e isso, se você não quiser ir não vou me importar'. Como algumas vezes, com determinados amigos dele, uma turma que eu conheço, mas eu falei, 'eu não quero ir nessa festa'.

Eles reconheceram ter atravessado épocas difíceis, mas nunca muito áridas, sempre viajaram, tiveram e têm muitos amigos, inclusive heterossexuais. Donato encontrava e ainda encontra, periodicamente, sua turma do ginásio.

Disseram ter resolvido seus conflitos sempre na conversa, tendo o respeito como lema e também o direito à individualidade de cada um. No momento da entrevista, por exemplo, Tomás considerava a possibilidade de adotar um cachorrinho, mas Donato não apoiava a ideia. Ainda estavam em negociação.

Um critério muito utilizado por quem tem visão conservadora sobre a união homossexual é o que se baseia na diferenciação dos sexos. Ou seja, na necessidade de os dois sexos, masculino e feminino, estarem presentes para que possa haver alteridade.

Donato e Tomás mostram justamente o contrário: que a alteridade, nome dado à relação entre um e outro, ou seja, à distinção entre ambos, independe da diferença sexual, não justificando mais este tipo de argumento. Assim, os dados desmentem esse critério, que se revelou anacrônico, bem como tantos outros no que toca a este assunto. Ou seja, existe alteridade, existe o estranho no outro, existe a diferença entre os dois, embora os dois parceiros sejam do mesmo sexo. Consideramos ser extremamente limitante configurar a alteridade somente em relação à diferença sexual, em um momento civilizatório em que as pessoas fazem até alterações cirúrgicas de mudança de sexo.

Hoje, sabemos que a noção de filiação não é imutável, que a tradição pós-antropológica descortinou a diversidade de formas de parentesco, sendo uma ilusão pensar que a conjugalidade *gay* possa vir a trazer fissuras no tecido social. Até porque essas relações sempre existiram, visibilizadas ou ocultas, isto é, estão vivas com ou sem pertencimento social. Até aqui, foram suportadas; hoje, querem ser incluídas.

Neste aspecto, a psicóloga Márcia Arán (2011, p. 3) ressaltou o caráter profundamente subversivo e deflagrador que o casamento *gay* impõe à sociedade, pois produz mudanças nos processos de legitimidade e inteligibilidade sociais. "(...) esta conquista não significa apenas a não discriminação do indivíduo homossexual, mas, sobretudo, o reconhecimento do laço afetivo-sexual e social homossexual, o que faz da homossexualidade uma forma de sociabilidade."

16
TODO DIA É DIA DE ACORDO!

Como são muito diferentes, vindos de origens diversas, Donato e Tomás têm como lema que "combinado não é caro", ou seja, entram em arranjos quanto aos desejos não compartilháveis. Dito de outro modo, a palavra é uma aliada deles no estabelecimento de acordos (PUGET; BERENSTEIN, 1993).

Um reconhece que o outro o fez evoluir. Donato apontou que, ao lado de Tomás, amadureceu. Embora reconheça que ainda lida de forma inadequada com dinheiro (não sabia cobrar, não valorizava seu trabalho), responsabilizou-se por não estar em outro patamar de desenvolvimento, inclusive em termos de aprimoramento de sua técnica fotográfica. Assumiu suas dificuldades, assim como sua labilidade emocional – durante o dia, passa por vários estados de humor.

Tomás, com sua estabilidade, servia-lhe de porto seguro. Tomás era mais discreto socialmente, mais calado, mas, na intimidade, se revelava com muita espirituosidade e riso farto. Ao contrário, Donato era falante e dado, sendo quem estabelecia mais facilmente contato interpessoal e social.

Continuavam a sentir-se atraídos um pelo outro, embora não fossem de expor carinhos, sendo bem discretos. Ambos se curtiam de forma plena, superando as polaridades associadas às ideias de "passividade" e "atividade" no comportamento sexual, notadamente masculino. Mantinham a frequência de, pelo menos, uma relação sexual semanal. Donato se revelou mais libidinoso, disse que vivia provocando Tomás, que, conforme o descrevia o companheiro, tinha postura de quem estava confortável na situação, sentado de forma relaxada, sorriso nos lábios, jeito de aquiescência.

Tomás, devido a sua seriedade e objetividade, por vezes necessitava da fantasia de Donato para conseguir elaborar seus processos, como a própria aceitação de sua homossexualidade, facilitada pela leveza com que Donato tratava o assunto. Donato era conciliador, de alguma forma, dava um jeito de, ao final, estar tudo bem, o que relativizava a forma pragmática com que o parceiro encarava a vida.

Essa complementaridade também era extensiva às performances de gênero, pois o casal dividia as tarefas domésticas por meio do critério de habilidades e gostos – Tomás gostava mais de cozinhar, enquanto Donato preferia arrumar o apartamento. O mesmo acontecia com o orçamento: cada um contribuía com o que podia, em uma relação igualitária. Comentaram que tinham a perspectiva de venda do imóvel que fora da mãe de Donato e que, a partir daí, ficariam muito bem financeiramente. Assim, deixaram transparecer que, naquele momento, provavelmente era Tomás quem arcava com a maioria dos gastos dos dois.

    À época da entrevista, não recorriam a faxineira, estavam em período de contenção de despesas. "A divisão é assim: o Tomás é quem cozinha e lava, eu arrumo a casa. Isso não quer dizer que eu não possa ir para a cozinha, e que amanhã não possa estar lavando", esclareceu Donato.

17
GÊNERO: CONCEITO QUE DEMANDA ENTENDIMENTO

Quando se utiliza o termo performance de gênero, isso implica considerar um longo percurso no entendimento deste conceito, que sempre esteve acoplado ao universo do feminismo, movimento político iniciado no século XIX, organizado em torno do direito da mulher ao voto e ao estatuto de sujeito jurídico. Concentrando-se na singularidade, o feminismo idealizava uma essência que agrupasse as mulheres, embora, ao mesmo tempo, tivesse postura crítica, justamente quanto aos conceitos universais masculinos (MAGNABOSCO, 2003), paradoxo que marcou seu nascimento.

Esta trajetória também inclui uma obra referencial para as mulheres, *O segundo sexo*, da filósofa francesa Simone de Beauvoir (1908-1986), publicado em 1949. Para a autora, se a existência precede a essência, tudo o que a ela concerne é imperativo. Assim, antes de hereditariedade e ambiente social, apresenta o indivíduo como responsável por suas ações – ideia básica de seu existencialismo. Ora, se mulheres se sujeitaram durante toda a história conhecida a um papel de subserviência, não são apenas vítimas, mas cúmplices de sua própria escravidão. O que fazer diante de tal constatação? Fugir a esse destino! Casamento, lar, filhos? Ao contrário: para que haja superação desse estado de coisas, deveriam as mulheres inverter a polaridade, assumindo, por sua vez, os papéis masculinos – somente assim a paridade seria estabelecida (NYE, 1995, p. 109).

Essa francesa, com suas ideias e comportamentos arrojados, influenciou o pensamento inglês e americano, identificando o patriarcado como um sistema de dominação das mulheres pelos homens, em que estas vivem em função do outro, sem destinar a si mesmas nenhum tipo de projeto pessoal.

Até aquele momento, quando as diferenças entre ser mulher ou ser homem começavam a ser expressas, não eram levantados questionamentos quanto à unidade entre sexo e gênero – estes eram praticamente equivalentes, determinantes e bipolares, e assim permaneceram até 1955, quando foi proposta a expressão "papéis de gênero" a fim de definir comportamentos masculinos e femininos (MAGNABOSCO, 2003).

Foi na década de 1960, porém, que o psiquiatra e psicanalista americano Robert J. Stoller, partindo de pesquisas com meninos e meninas de anatomia sexual incomum e socialização em sexo diferente do biológico que apresentavam, criou a expressão "identidade de gênero" (RIBEIRO, 2006). Ao fazê-lo, vinculou o conceito ao sentimento de pertencimento a um ou ao outro gênero, como bem colocou Magnabosco (2003, p. 419): "Mediante os estudos de Stoller, o sexo fica determinado pela diferença sexual inscrita no corpo, enquanto o gênero se relaciona com os significados corporais construídos pela sociedade."

Dessa forma, divididos em temperamentos – masculino e feminino –, cada qual compatível com esta ou aquela forma de ser, mas antagônicos e vistos como complementares, chegou-se à estruturação dos construtos sociais que começaram a permear os conceitos de masculinidade e feminilidade.

Assim, "gênero" passou a ser categoria analítica (HOLLANDA, 2005) e "identidade", importante ponto de definição, ambos tornando-se conceitos úteis à história e, prioritariamente, ao feminismo, por acrescentar novas leituras possíveis e ampliar a compreensão humana (TORRÃO FILHO, 2005). Muito embora continuassem a ser entendidos dentro do padrão de hegemonia e binariedade, que definia uma verdade única a ser seguida, estabelecendo conceitos à base de contrastes (saúde-doença, certo-errado, normal-anormal, mulher-homem, criança-adulto, civilizado-primitivo, entre inúmeros outros).

Dessa maneira, razão, disciplina e decisão foram associadas ao masculino, enquanto emoção, incoerência e insegurança se tornaram estereótipos femininos. Com isso, feminino e masculino passaram a ser configurados não mais como atributos naturais e, sim, conforme a socióloga Silvana Mariano (2005), como características específicas criadas e mantidas pelas relações de poder que as definem. Assim, gênero passou a indicar uma diferença que se expressa de forma rígida, permanente e bipolar, firmemente estabelecida na oposição (NOGUEIRA, 2001).

Isso fez com que gênero, juntamente com os conceitos de classe, raça e orientação sexual passasse a estar entre os grandes balizadores da exclusão social, condição que permitiu a crítica a esse modelo. Isso foi feito pelos teóricos de vários campos do saber, da filosofia ao feminismo, estabelecendo definitivamente que gênero é conceito relacional e somente assim poderia ser entendido. Não se trata mais, portanto, de analisar "a" mulher ou "o" homem e, sim, a construção das subjetividades em suas interconexões culturais de feminino e de masculino em meio aos laços do poder (MARIANO, 2005).

18
O DIA A DIA COM TERNURA DE DOIS HOMENS

O vínculo amoroso de Donato e Tomás, pelos resultados encontrados e somados à minha observação, foi herdeiro dos casamentos dos pais em seu aspecto de companheirismo e respeito mútuo, mas construiu sua singularidade a partir da flexibilização das performances de gênero, da quebra de hierarquia, da divisão de tarefas e do exercício entre individualidade e conjugalidade.

Possivelmente, o fato de ambos respeitarem suas famílias também pesou: Donato morou com a mãe e cuidou dela até seu fim; Tomás, com a mãe acamada e totalmente dependente, dormia duas vezes por semana com ela, e um fim de semana sim, outro não, fazia-lhe companhia no almoço de domingo. Donato compreende a situação e por vezes o acompanha – quando sente vontade –; outras vezes, sai com os amigos, sem cobranças.

Os legados recebidos por Donato e Tomás não os fizeram prisioneiros de suas escolhas, o que talvez possa ocorrer nos casamentos heterossexuais, devido à expectativa social quanto ao par e à maneira como perpetuam seu legado.

Neste casal homossexual, ao contrário, houve apropriação e elaboração do recebido, que foi constituído em herança por e para ambos. Por seus discursos, não perseguiam o ideal de fusão da díade, pois faziam questão de manter as diferenças individuais sem, contudo, mover-se para o polo oposto, marca da contemporaneidade, com excesso de individualismo nas relações amorosas (GOMES, 2007). Sendo muito diferentes, entravam em acordo relativamente aos desejos não compartilhados.

O ideal do grupo familiar pode ter sido rompido, favorecendo a eclosão do ideal do sujeito (KAËS, 2011) – nenhum dos dois nunca desejou ser pai, nem buscou o estatuto oficial de "casado".

Um sempre sabia onde o outro estava, e com quem estava. Mas, nas manhãs de domingo, por exemplo, Tomás levantava cedo e gostava de sair para sentir o sol, enquanto Donato preferia ficar na cama e assistir séries televisivas. Quando distantes, comunicavam-se por mensagens.

> A complementaridade pode assumir na relação conjugal um caráter positivo à medida que há uma possibilidade de crescimento de cada cônjuge ou ainda quando ela aparece em um momento em que um parceiro precisa da colaboração do outro (PAIVA, M. L. de S. C., 2009).

O casal perpetuava os valores dos casamentos dos pais, estabelecidos em respeito, fidelidade, cuidado, companheirismo e rejeição a brigas, embora ambos não se vissem casados institucionalmente. E criaram um formato de relação em que cabiam os espaços individuais e os do par. Mesmo a possível dependência que Donato mantinha frente a Tomás, pelo fato de ser muito leve e sempre fazer uso da fantasia, não chegava a pesar para o companheiro – Tomás acolhia a demanda de Donato com o cuidado que achava condizente com um vínculo amoroso.

Acreditamos ser pertinente recuperar o conceito vincular da "sintonia" ao nos reportar a esse casal, que vem a ser um fenômeno ocorrido na intersubjetividade, ou seja, na relação que se estabelece entre os dois, configurando-se em um trabalho psíquico empreendido para que possa haver espaço para a alteridade entre o casal, para que ambos possam existir por inteiro (SPIVACOW, 2011).

> Uma faceta fundamental – tomando o processo em um membro – consiste em se pôr no lugar do outro e tentar entender suas motivações e condutas. Podemos descrevê-la [a sintonia] como um tempo de "identificação discriminada". Neste momento da sintonia, o sujeito tenta imaginar o que sucede ao parceiro desde uma perspectiva em que simultaneamente se ocupam duas posições: o sujeito se coloca no lugar do próximo, mas se sabe outro, em uma sorte de oscilação entre a identificação com o parceiro e o reconhecimento da discriminação eu/não eu (SPIVACOW, 2011, p. 127).

É por meio da "sintonia" que se abre a possibilidade de os conflitos serem enfrentados com o objetivo de resolução, e não de ruptura; a permissão para que os sentimentos abrigados pelos parceiros não se convertam em duelos antagônicos, mas se instaurem como movimentos que visem o retorno à harmonia, a partir do entendimento de que o outro seja um diferente de si.

A identificação discriminada, que faz parte deste trabalho psíquico, é de cunho imaginativo – para realmente poder entender o outro pelo seu olhar, se faz necessário um elemento muito importante: a criatividade. Sabemos que o outro é incognoscível em sua totalidade; porém, a identificação discriminada possibilita a elaboração para que se possa considerar o outro não um mero reflexo, como na fusão do enamoramento e, sim, de ter contato com a opacidade do parceiro e também, em consequência, com a carência e o medo de perda do ser amado.

PARTE III

ÍSIS E RAQUEL

19
UM ROMANCE PECULIAR

Ísis e Raquel têm um início de relação algo conturbado, pois ambas, quando se conheceram, estavam casadas; outro dado: foram apresentadas justamente por suas respectivas parceiras daquele momento.

Confuso? Acontece que Raquel era casada com Sandra, que era amiga de Ione, namorada de Ísis, então uma publicitária de certo sucesso profissional, dona de uma casa de praia. Ione convida Sandra para um final de semana nesse lugar paradisíaco, e esta convence Raquel a também ir, juntamente com outras amigas.

A conjugalidade de Raquel e Sandra, porém, apresentava grave crise já fazia quase dois anos – Sandra até havia saído de casa, alegando precisar de um espaço seu. Raquel suspeitava, inclusive, de traição de Sandra com uma amiga, que, por ser de outra cidade, vez ou outra se hospedava com elas, o mesmo acontecendo quando elas iam visitá-la.

Convite aceito, por uma questão de logística, pediram a Ísis que levasse em seu carro Raquel, que, por sua vez, ao avistar Ísis, tem certa decepção, dado que sua fama não correspondia ao seu porte mignon. Pensou: "Essa é a famosa Ísis?".

Raquel não estava sozinha: levava consigo o filho, Osmar, então com 11 anos, que vivia com ela e Sandra desde a separação do casal – Raquel tinha vivido com o marido um casamento de dez anos.

O clima no final de semana não estava bom para o casal Raquel-Sandra, e Ísis percebeu isso. Mas, como lhe haviam dito que as duas se davam "como Deus e os anjos", ela ficou "só na observação" (interessante, pois esta frase pode indicar uma relação harmônica, mas sem sexualidade entre Raquel-Sandra, algo que Ísis talvez tenha percebido de algum modo). E Raquel estava distante de todos; ficou descansando, de olhos fechados, quieta, enquanto Sandra e amigas mais jovens se divertiam entre jogos e risadas.

Sandra chegou a dizer que achava que Ísis seria "o tipo de Raquel", pois elas aparentavam ter muitos gostos em comum, como livros e discos, e confessou ter ficado receosa de elas serem apresentadas... Aqui se pode antever certo jogo emocional feito por Sandra, porque, pensando bem, era ela quem estava traindo Raquel e foi quem a convenceu, a partir de Ione, a conhecer Ísis.

Raquel realmente se interessou por Ísis, chegou a admitir isso para Sandra, mas esta, como estava perto de comemorar seu aniversário, pediu a Raquel que não tomasse nenhuma atitude até lá. No dia marcado, Raquel foi com

Ísis à festa de Sandra. A partir daí, as duas assumiram a relação. Todo esse processo durou por volta de sete meses.

> **Ísis:** O que eu ia te falar, que eu achava importante, é assim: demorou muito pra gente sair; (...) nós demoramos sete meses para sair as duas sozinhas uma vez. Também nós fomos para um motel e quebramos o motel.

Mas Sandra ainda deu trabalho, fez chantagem, tentou o suicídio; em um final de semana, ficou com Osmar e não queria mais devolvê-lo à mãe, o que gerou uma noite de desespero para Raquel...

Interessante é notar que, diferentemente dos casais anteriores, Ísis e Raquel não trouxeram, propriamente, uma história de seu vínculo, algo ligado à fantasia do encontro, a alguma vivência que as tenha marcado no início do relacionamento. A impressão que passaram foi de que nem uma nem outra estava à procura de alguma coisa; antes de se encontrar, estavam relativamente acomodadas em suas respectivas relações – Raquel, embora em um relacionamento insatisfatório com Sandra e a ameaçando de se separar, permanecia sem ação; Ísis, por sua vez, não revelou nenhuma informação sobre Ione, como as duas viviam, ou sobre seus relacionamentos anteriores – que não devem ter sido poucos, pelo que ela disse. Depois que se conheceram, Ísis e Raquel levaram quase um ano para, finalmente, iniciar o namoro, mas se referiram a este momento como uma explosão sexual, não propriamente uma história amorosa do casal.

20
ÍSIS, RAQUEL E OSMAR: O TRIO DO FIM DE SEMANA

Por toda a dramaticidade da separação de Sandra, Raquel havia estabelecido com Osmar a promessa de não mais viver sob o mesmo teto com alguém em novo relacionamento amoroso – daí, nos primeiros anos, Ísis e Raquel morarem em lugares separados e, aos finais de semana, ficarem juntas na casa de praia.

Raquel nunca escondeu do filho seus relacionamentos amorosos e os de seus amigos. Osmar sempre conviveu em ambiente *gay*, juntamente com a filha de Cristina, irmã de Raquel - a menina Júlia estava constantemente na companhia deles. E, por conta de o ex-marido aproveitar os fins de semana com o filho para fazer chacota da homossexualidade dos amigos da mãe, Raquel achou por bem explicar para Osmar o que acontecia – o menino tinha por volta dos 7 anos de idade na ocasião.

Ele e a prima sempre gostaram dos amigos da mãe, sempre foram por eles muito bem tratados, nunca foram hostilizados, ao contrário, Osmar, ainda pequeno, ficou ofendido quando o pai disse de um amigo da mãe que era "viado" – recomendou-lhe não falar assim, porque a pessoa em questão era amiga dele também.

De igual modo, Raquel o introduziu na vida disfarçada de seus amigos *gays* – quando os pais de algum deles apareciam, automaticamente as pessoas do grupo mudavam de posição e, em vez de estar com seus companheiros de mesmo sexo, aparentavam ser casais heterossexuais. Como o menino estranhasse isso, Raquel o colocou a par do preconceito, explicando que os outros não iriam entender o que acontecia, razão pela qual elas precisavam fingir ser daquele jeito, considerado mais comum.

Raquel escolheu para seu filho a escola que lhe pareceu mais adequada e aberta para poder falar de si e de sua orientação sexual, solicitando apoio da diretoria e dos professores para qualquer coisa que pudesse ocorrer em termos de discriminação ou comportamentos de Osmar que fossem julgados impertinentes para sua idade. Desse modo, conduziu a questão da forma recomendada pelos profissionais, fazendo seu filho entender a situação de casais de mesmo sexo, que lhe era muito natural, como um segredo necessário, pois as outras pessoas não estavam preparadas para saber (ROSS, 1988). Isso trazia certo contentamento a Osmar, por sua mãe torná-lo depositário de algo tão importante, um segredo no qual ele se sentia incluído.

Assim, participar de um grupo de homossexuais desse modo foi apontado como fator de aquisição de benefícios variados, como aumento de autoestima e relativização dos problemas enfrentados, já que os integrantes trocavam experiências entre si, ou seja, o preconceito era amplo e irrestrito, atingia a todos, e ser *gay* não era uma desvantagem ou algo do qual fosse necessário se envergonhar – o outro mostrava a possibilidade de enfrentamento e de vivência da liberdade (NUNAN; JABLONSKI, 2002).

Ísis nunca se incomodou com o fato de Raquel ter um filho e nem por ele viver com elas, de modo racional. Embora ela tenha acompanhado o crescimento e o desenvolvimento de Osmar, nunca o chamou de filho e nem foi por ele tratada como mãe ou segunda mãe. Raquel sempre foi a mãe, deixando claro que ele tinha um pai. Apesar disso, Ísis relatou que muitas vezes fez papel de pai, como quando Osmar, adolescente, "aprontava" com os amigos, ou quando pediu conselho para comprar um carro ou até no vestibular, ao precisar de seus conhecimentos para fazer uma boa prova.

21
A DELICADA CONSTRUÇÃO DE UM CASAL

Ísis relatou que, no início, elas tinham "tesão e adequação"; ela acreditava que mulheres são capazes disso, enquanto homens, não, ou seja, que mulheres são capazes de privilegiar a adequação, de admitir que o casal vá se moldando como se fosse argila, até o ponto de alcançar a adaptação total.

> **Ísis:** E nós nos adequamos de tal maneira, que chegou o momento [em] que eu falo a metade de uma palavra, ela fala o resto, entendeu? Por quê? Mas a gente tinha consciência de que não tinha nenhuma paixão, não tinha sentimento profundo naquele momento, tinha tesão e adequação, entendeu?

Talvez essa afirmação ganhe sentido quando se consideram todas as adaptações que ambas precisaram fazer até em função da presença de Osmar, pois a única crise de que se lembravam teve relação com essa triangulação.

Isso aconteceu porque, embora Raquel tivesse mantido a promessa de não mais morar com seus amores, depois que Osmar foi fazer faculdade em outra cidade, esse compromisso perdeu sentido – e ela convidou Ísis a viver com ela.

Quando o período de formação acabou e Osmar voltou, a irritação começou a se instalar entre ele e Ísis, a ponto de a companheira ter saído de casa e passados alguns dias em um hotel. Paralelamente, foi iniciada uma psicoterapia extensiva aos quatro do grupo, incluindo a sobrinha de Raquel. Ísis resumiu: "A gente conseguiu segurar não só a relação, como hoje sou grande amiga do Osmar".

Importante é ressaltar os recursos internos do casal, que o levou a procurar ajuda profissional, em vez de prosseguir com a dificuldade. Por outro lado, é preciso destacar o fato de a psicoterapia ainda ser um caminho pouco utilizado pelos casais, de maneira geral, notadamente os homossexuais, e de como a mediação especializada pode conduzir a resultados satisfatórios.

Daí Ísis falar com alegria das influências que notava em Osmar; por exemplo, seu profundo conhecimento sobre marés, clima e ventos, algo de que tanto ele como Raquel não tinham a menor ideia, pois não tinham vivência próxima à praia. Raquel atestou isso ao dizer de forma elogiosa: "Ele pergunta muita coisa pra ela e não pergunta pra mim".

Dada a premissa de que a maternidade não foi um projeto de vida para Ísis, destaque-se que ela encarou o fato de a parceira ser mãe e responsável pela criança, abrindo-se à convivência com Osmar.

Cabe aqui a consideração de que, na verdade, quando dois seres se encontram, são mais do que si mesmos, ou seja, carregam consigo, em gravações conscientes ou inconscientes, a soma das vivências que tiveram até aquele momento. Mais ainda: a carga contém todas as projeções neles feitas pelos que os antecederam, assim como as introjeções dos conteúdos provindos do ambiente. Assim, existe a ocorrência de três estruturas inconscientes que se apresentam nas entrelinhas das falas: a individual, a familiar e a da época em que o encontro aconteceu (BERENSTEIN, 2011).

Embora as definições de amor e de amar sejam variadas, admite-se como certo que cada um tem um processo próprio de se subjetivar ante o amado e o amor que este apresenta, e também que o universo amoroso ocorre no encontro entre os dois, ou seja, na intersubjetividade (KAËS, 2014, p. 161).

Ah!, recuperando a fala de Ísis no início do capítulo, Raquel disse que sempre fora movida pela paixão, não manifestou nenhuma opinião sobre a hipótese de adequação levantada por Ísis.

22
ÍSIS E O MEDO DE FICAR SÓ

No momento deste estudo, Ísis estava bem perto dos 70 anos e, em sua fala, trouxe elementos de mágoa, tristeza e perda. Logo no início de sua narrativa, disse que foi filha "temporona", resultado de "um erro de cálculo": a mãe achou que havia menopausado, mas engravidou. Por conta disso, ela precisou enfrentar o que denominou de solidão por ser a irmã-criança, separada de sua irmã mais velha por dezoito anos, convivendo mais de perto com os quatro irmãos homens. Ao mesmo tempo, lembrou-se com prazer de ter sido aquela que subia no colo das amigas da irmã e das tias, sendo consideravelmente mimada.

Embora profissional de sucesso no ramo publicitário, Ísis disse que começou a criar esquetes e histórias para imitar o pai e o tio, irmão do pai, eles, sim, muito criativos, como se a ela não coubesse a originalidade, somente a imitação.

Descrente sem muita convicção, disse ser ateia como o pai, porque ele era uma pessoa forte e formadora de opinião, ao contrário da mãe, preocupada apenas com a maternidade.

Ísis-mãe, de quem Ísis herdou o nome, foi descrita pela filha como uma "galinha choca: ela só punha no colo, penteava, beijava, abraçava; ela fazia proteção materna". Segundo relata, a mãe era muito desligada, até da rotina da casa, que só existia por conta da empregada doméstica; entretanto, era muito preocupada, principalmente com os filhos. Mas acontecimentos no colégio, por exemplo, só eram resolvidos pelo pai. Ao mesmo tempo, reafirma ser a mãe "muito atenta com as crias", ou seja, percebemos que Ísis tem dificuldade de se referir à mãe com a imparcialidade necessária para poder compreendê-la. Ao mesmo tempo, ela não a contextualiza, não a situando na imposição de papéis de gênero pertinentes à época. Tampouco destaca o fato de ela estar casada com um homem que, vez ou outra, a lançava na instabilidade amorosa, pelas muitas aventuras, e cotidiana, por se ausentar devido ao trabalho, levando-a a necessitar da ajuda dos familiares.

Carlos, o pai, foi colocado como alguém inteligente, criativo, engraçado e, embora exercesse a medicina, com "alma de vagabundo". Ísis o definiu como alguém do tipo "do mundo nada se leva". Disse ainda que ele era "super-rígido", pelo menos em relação a namorados, porque em sua casa não havia lei, os amigos eram os donos.

Quando o pai se aposentou, o trio mudou-se para São Paulo e permaneceu junto até o casal querer voltar para o litoral. Ísis, então, estava com 30 anos, já tinha seu próprio apartamento, namorava uma mulher com a qual não tinha vínculo de confiança e se sentia desesperadamente só. Tentava aplacar tal sentimento variando os relacionamentos: "Eu arrumava uma namorada por semana! Essa aqui não prestou. Não deu? Eu arrumava outra!".

Ísis apontou o medo da solidão como ameaçador. Falou que trouxe como influência do casamento dos pais o lado briguento do progenitor, que não tinha a mansidão da mãe. Aparentemente, ela não conseguia vê-los em relação: as características individuais se sobrepunham à conjugalidade deles. Nesse quadro, ela deixou clara, desde o começo, sua orientação: "Eu nasci *gay*", declarou. Apesar desse reconhecimento de si mesma, teve seus namoradinhos e até uma grande paixão – neste caso, chegou a ter vida sexual e gostava muito desses encontros. Mas ele acabou optando por outra moça e a justificativa foi que ela teria ainda muitas oportunidades na vida, morando em São Paulo e estudando, enquanto a outra, não. Ísis ficou em sofrimento por muito tempo; disse que, depois disso, se assumiu homossexual, embora desde criança achasse lindas as namoradas dos irmãos.

Ela se identificava com o universo masculino, disse que conversava com Osmar, o filho de Raquel, de "homem para homem"; de "pai para filho". Mas isso não a impedia de gostar de se maquiar, usar saltos altos e adereços femininos – ela não tem aparência nem gestual masculino, embora seja uma pessoa que demonstre personalidade forte.

Mas nunca assumiu sua orientação sexual para os pais; esperou a morte deles para se sentir mais livre perante a família – interessante que Ísis considera a morte da mãe a partir de sabê-la com Alzheimer, e não com seu desaparecimento físico.

Ísis colocou sem hesitação que havia pagado um preço alto por ter sido quem foi; ao mesmo tempo, revela que foi corajosa por assumir ser quem era – como diz Caetano Veloso na música *Dom de iludir*, "cada um sabe a dor e a delícia de ser o que é".

Identificou com clareza ter certo preconceito: "Não gosto de viado!". Disse que ficou com ideia fixa, desesperada, quando percebeu que Osmar, o filho de Raquel, poderia vir a ser *gay*, embora projetasse essa preocupação como se fosse a parceira quem iria morrer de culpa se isso acontecesse - o que Raquel contesta.

Sua dura vivência com a solidão se deu quando os pais decidiram mudar para outra cidade, e ela, acostumada com a casa preenchida pelos irmãos e amigos dos irmãos, de repente se viu sozinha. Teve que iniciar uma nova vida, outra escola, outro ambiente, e conta que demorou muito tempo para entender que, para ter a casa cheia de gente novamente, bastava convidar suas novas coleguinhas.

Sobre o casamento dos pais, pôde-se perceber de forma muito clara o modelo tradicional de família patriarcal, ancorado na heteronormatividade, com as concepções de praxe: homem, marido, provedor da casa; mulher, esposa, mãe, acompanhante do esposo para onde ele fosse, alguém que se fazia de desentendida quanto às traições do marido, mantendo-se desligada.

23
RAQUEL E SUAS CIRCUNSTÂNCIAS

Raquel é uma mulher com mais de 60 anos, que não aparenta. Que era vaidosa nos foi informado por meio da entrevista, na qual esclareceu que, ao seu lado, as mulheres se tornavam mais femininas, pois isso era algo valorizado por ela. Pontuou que, se quisesse um homem, estaria com um. De jeito reservado, tem fala suave e pausada, respirando entre as frases, aparentando disponibilidade para a entrevista.

Revelou identidade profissional bem consolidada. Gostava muito do que fazia, realizava-se com o trabalho, era figura de liderança e de destaque, administrando centenas de funcionários. Era entusiasta de sua profissão, dedicava-se a ela de corpo e alma, não pretendendo parar; ao contrário, queria estudar ainda mais, fazer mais coisas. A área profissional de Raquel, assim, era bastante evidenciada e valorizada, expressando sua competência.

Raquel tem ligação muito estreita com o filho, Osmar; falam-se frequentemente, entendem-se, têm uma relação de cumplicidade, carinho e respeito, sendo ele um homem responsável, que desenvolveu sua carreira com competência e hoje é independente.

Conta que começou a namorar muito cedo, aos 18 anos, e um ano após a mãe falecer, quando estava com 23 anos, casou-se com aquele que sua mãe odiava, Orlando. Trabalhando em uma indústria química em cargo de direção, quase beirando os 30 anos, começou a conviver com Sandra, sua assistente, durante longos períodos de tempo. Sandra era presença constante, participou de sua gravidez e do nascimento de seu filho, Osmar, mantendo convívio estreito devido aos compromissos de trabalho. Até que Sandra "um dia, encosta" o corpo no dela e, para Raquel, a homossexualidade foi uma grande descoberta: "Eu amei! Adorei! Achei o máximo! Nossa! Que coisa boa! Que coisa interessante!"

Raquel se apaixonou violentamente, rompeu o casamento e convidou Sandra para morar com ela. Osmar, seu filho, tinha por volta de 2, 3 anos, e o casamento oficial com Orlando, somando o período de namoro, atingira dez anos. Seu ex-marido, em seu conceito, tinha sérios problemas de personalidade. Ela diz que ele a impedia de tudo, cerceando-a, inclusive, em sua evolução profissional, algo fundamental para ela, que sofreu muito para conseguir se separar. Ele a ameaçava e ofendia, principalmente após saber que estava morando com uma mulher – problemática esta enfrentada em separações litigiosas de forma geral, potencializadas no caso de um deles ser homossexual (GOMES, 2015).

Raquel disse que não chegou a contar ao pai sobre sua orientação sexual – seu ex-marido já havia criado para a família muitos problemas, e ela pensou que seria algo agressivo. Nessa época, ela se assumiu para resolver a vida com o marido, mas não em relação a estranhos ou ao ambiente profissional.

Raquel, em nosso entender, fez um "antes" e um "depois" quanto a sua orientação sexual. Esclareceu que, antes de Sandra, nunca tinha tido nenhum tipo de fantasia com mulheres, até convivia com *gays* no trabalho, mas era natural, não a sensibilizava ou motivava a querer ser assim. Quando inquirida se até o encontro com Sandra nunca havia tido nenhum contato homossexual, ela respondeu unicamente com quatro menções à palavra "nada". Foi somente o companheirismo assíduo de Sandra que a despertou. Reconhecendo nisso um grande fato, ou seja, gostando muito do que estava acontecendo, não mencionou mais interesse em homens. Ao contrário, brincando, expressou o desejo de ter namorado e transado com mais mulheres no passado.

Podemos aventar como hipótese que algum mecanismo repressivo tenha operado para que ela não reconhecesse nenhum tipo de interesse por mulheres durante parte significativa de sua vida. Esta interpretação se torna viável quando pensamos que a adolescência e a juventude de Raquel foram vividas sob os ditames dos vínculos heterossexuais, algo comum a todos, mas que revela um diferencial interessante. É que, devido à força da heteronormatividade, grande parte dos homossexuais, *gays* e lésbicas, experimentam contatos com o sexo oposto, o que pode vir a configurar, aí sim, uma escolha pela vida homoafetiva. Se a orientação sexual não é algo a ser decidido pela pessoa, a assunção dessa forma de vida na realidade o é.

Raquel partilha com Ísis a lembrança paterna de um homem alegre, também apaixonado pela esposa, porém, dado a sedutor. Ao contrário da mãe de Ísis, que fazia ouvidos moucos às traições do marido, a mãe de Raquel ficava possessa ao saber das "casquinhas" que ele tirava, por exemplo, ao dançar com outras mulheres.

O pai de Raquel tinha cargo administrativo em uma tecelagem, porém, por ser muito bonito e querido por todos, acabou se envolvendo com a produção de desfiles de moda dos tecidos da fábrica e com suas modelos de então. Ao ter essa oportunidade, que lhe proporcionou contato com um ambiente de glamour, deu um novo colorido ao tipo de vida que Raquel herdou de seus pais. Sua mãe, Júlia, mulher brava, morria de ciúmes dele, mas não o acompanhava em nada, quem fazia isso era Raquel, que vivia nos desfiles em clubes refinados, seguidos de jantares sofisticados. Este papel – ser o olho da mãe – não deve ter sido algo fácil para ela elaborar, sendo ainda menina. Contou que chegava em casa e, indagada pela mãe sobre o jantar, por exemplo, dizia ingenuamente que seu pai havia dançado com essa ou aquela manequim, e aí a mãe ficava furiosa, e jogava longe o que encontrasse pela frente, pratos, copos...

Além disso, a mãe era revoltada, visto que ser professora universitária tinha sido seu sonho - o que não aconteceu, pois, na época, a maioria das mulheres não ia à faculdade. Ela sabia muitas coisas da área de humanas, vivia com seus livros, alheia à movimentação da casa, sempre estudando. Falava: "Vocês não vão conseguir fechar meu caixão, porque eu...". Era muito atenta às filhas, "ligada", acompanhando-as sempre, controladora quanto aos trabalhos escolares; era presente.

Disse Raquel que o pai era boníssimo e maravilhoso, que sustentou em sua casa as duas irmãs da mãe, suas tias. Sua mãe morreu muito jovem, antes dos 50 anos, teve fim rápido e faleceu em menos de vinte dias, deixando Raquel com 22 anos e sua irmã, Cristina, com 14 anos. Porém, as tias passaram a cuidar da casa depois disso.

Ficou clara a polaridade nos sentimentos relativos às figuras parentais: o pai era quem a levava aos desfiles, aos jantares, ao cinema para ver os desenhos de Tom e Jerry; sua mãe, nervosa e brava, era a figura dominante no casal.

Tanto para Ísis quanto para Raquel, aparentemente, as relações das famílias de origem parecem estar encobertas por papéis a serem desempenhados: as traições do pai de Ísis não eram levadas em conta pela mulher; o pai de Raquel tinha uma esposa ciumenta em casa, mas que não saía com o marido para ver o que de fato lhe acontecia: enviava a filha, uma criança, fazendo Raquel ocupar a posição conferida à esposa, não à filha.

24
O BORDADO AMOROSO

Quando perguntadas sobre quem queria começar a falar, as duas rapidamente entraram em acordo e Raquel começou a contar a história do casal, mas, para chegar até o período da história delas, contou a sua própria, até o momento em que Ísis a cortou por se estender na caracterização do ex-marido e de sua separação litigiosa. Ela, aqui, demonstrou dificuldade na escuta das experiências passadas de Raquel, talvez por esta última se deter demasiadamente no relato de escolhas e vivências amorosas anteriores, inclusive heterossexuais. Porém, foi essa mulher e mãe que Ísis escolheu como parceira de vida.

Podemos pensar em um paradoxo, pois a mesma pessoa que lhe trouxe a possibilidade de se sentir ancorada emocionalmente, justamente por ter um formato mais conservador, pois se disse com um passado marcado pela solidão, foi também quem a lançou numa situação de repetição edípica, com o incômodo de se sentir a terceira excluída na relação entre Raquel e o filho.

Ao supor que, na escolha amorosa, reeditamos as primeiras formas de vinculação com o outro, podemos concluir que esse movimento implica eleger alguém que alguma semelhança tenha com as figuras parentais, pois é esse mecanismo que irá acionar a identificação. Porém, ao mesmo tempo, aquele com quem nos identificamos também trará elementos próprios para que o novo possa se instalar (MAGALHÃES; FÉRES-CARNEIRO; GORIN, 2013).

> À revelia dos tempos, a relação de um casal constrói-se através de arranjos inconscientes, em identificações e projeções, favoráveis a ambas as partes, numa busca daquele período edipiano em que teve de abandonar seu objeto de desejo incestuoso. O objeto com o qual é identificado traz o modelo marcado inconscientemente pelos traços semelhantes aos objetos incestuosos, como os pais, irmãos ou as pessoas que puderam cuidar dele na infância. A popular "cara-metade" representa, assim, uma parte narcísica do amor dos pais de origem, que é resgatada no encontro com o amado (TERZIS et al., 2008, p. 16).

Ísis enfatizou o sentimento de confiança existente entre as duas, se reassegurou de que não haveria traição ou abandono devido à proximidade que criaram: "Existe uma relação de confiança, de 100% de confiança entre a gente. Relação de confiança mútua."

Raquel disse que Ísis se assemelhava a sua própria mãe, muito brava, mas o esteio da família. Contou que, quando ela morreu, todos ficaram perdidos, porque era ela quem ditava as regras. Ísis nos pareceu ser extremamente controladora, provavelmente era quem ditava as normas do casal.

Raquel é mais fechada, gosta de sossego, e a numerosa família de Ísis costuma promover encontros e festas, como a própria Ísis, que parecia precisar do sentimento de pertencimento à rede. Ísis percebia e valorizava cada pequeno acontecimento que pudesse ligar Raquel à sua família.

Já aposentada, mas ainda trabalhando como free lancer, Ísis reviveu um período de solidão que lhe custou muito. A partir de um convite profissional recebido por Raquel para a presidência de uma companhia, ápice de sua carreira, as duas se mudaram para um estado na região central do país. Enquanto Raquel, em uma posição de poder e de ganho, era quem saía de manhã para trabalhar e só retornava à noite, Ísis, aposentada, ficava em casa, mais isolada, embora tenha família numerosa, com alguns de seus ramos não muito distantes. Disse: "Por que eu tenho uma sina de ficar sozinha, as pessoas vão embora e me abandonam, entendeu?".

Porém, ela enfrenta a dificuldade; traz a reclamação no discurso, mas está lá, companheira de Raquel, fiel ao sentimento que a alimenta.

> **Raquel:** A Ísis tem uma história de vida que é completamente diferente da minha, e eu aprendo muita coisa com ela, ela me ensinou muito, muito, muito! Eu sou profunda admiradora daquilo que ela faz, daquilo que ela produz, das opiniões. Uma admiração.

> **Ísis:** Nós descobrimos que nós deveríamos ficar juntas, porque ela era boa para mim e eu era boa para ela. (...) Naquele momento, não existia nada de amor. (...) Eu achava ela fantástica, ela me achava legal. (...) O que aconteceu? Eu, eu, eu me apaixonei perdidamente pela Raquel. Eu tenho inclusive consciência, hoje, de que eu sou muito mais apaixonada do que ela. Eu digo pra ela assim, 'Eu não posso ficar um dia sem você na minha vida'. E ela, não, ela é menos apaixonada. Mas ela é uma pessoa mais... Protetora, e mais... Ela é mais, mais cuidadora, a Raquel, e eu sou mais fervida, de vez em quando eu dou uns "tchans" (Faz barulho com a boca), mas eu sou mais apaixonada. Porque do mesmo jeito que eu fervo, eu sou mais apaixonada.

25
UM CASAMENTO COM BODAS DE PRATA

O relacionamento de Ísis e Raquel chegou aos 25 anos.

Ísis disse que não brigavam nem discutiam por coisas práticas, nunca por dinheiro, por exemplo. "Não tem conversa nenhuma", os acordos eram basicamente tácitos: quando uma perguntava: "Vamos mudar para C.?", a outra, sem discutir, respondia: "Vamos!". Podemos depreender daí que havia, entre elas, uma complementaridade fusional que não admitia sequer a possibilidade de pensar diferente, daí os acordos até dispensarem a fala.

Aqui, podemos interpretar um fato: ao ser perguntado sobre algo definido sobre sua relação – sobre como resolviam seus conflitos conjugais, por exemplo –, este casal dá mostras de certa inibição em suas falas. Ou seja, quando se sentiam pressionadas, as duas empobreciam o discurso: Raquel, no início da entrevista, fez uso do deslocamento e falou sobre terceiros, não sobre a história amorosa delas, por exemplo.

Mas as duas tinham liberdade – Raquel podia se encontrar com a ex-companheira, Sandra, ainda muito presente em sua vida, até por conta da ligação dela com Osmar e mesmo Ísis, considerando que Sandra ainda gostava de Raquel. Por outro lado, assim como Ísis tinha contato com uma ex-namorada, que inclusive as visitava em casa, informação colhida ao final da conversa, Raquel mantinha laços de mais de quarenta anos com um amigo – seu confidente – também homossexual.

Quando Raquel contou a história amorosa das duas, referiu-se à liberdade da homossexualidade e à sua maravilha; falou de sua paixão pelo ex-marido e de sua paixão por Sandra. Aparentemente, ela estava inativa em sua relação com Sandra, não tendo tomado nenhuma atitude mesmo quando desconfiou que houvesse sido traída. Também permaneceu à espera da possibilidade de se relacionar com Ísis por sete meses, ou seja, parece-nos que seu modelo de amor é o romântico, em que o platonismo e a fantasia têm papéis importantes, incluindo a espera e o adiamento da sexualidade. Embora Ísis tenha dito depois que elas tiveram um forte encontro sexual, faz-nos pensar a alegada ausência de paixão, a qual, normalmente, não espera, arde.

Quem respondeu à pergunta sobre a sexualidade do casal foi Ísis, dizendo que era muito light. O que ela apresentava, em lugar do sexo, era uma necessidade muito intensa de abraçar a parceira, beijá-la, senti-la junto a si. Raquel não manifestou sua opinião. Aqui, podemos associar essas colocações da dupla com os resultados de uma pesquisa empreendida por Féres-Carneiro (1997), em que casais de mulheres priorizaram a amizade e o companheirismo em detrimento da sexualidade genitalizada. Porém, ficou clara a atração que Ísis sentia por Raquel. Aparentemente, este assunto não lhes causava incômodo, já que ambas se referiam a terem tido uma vida sexual plena, agora em declínio.

Aparentemente, o casal tinha dificuldade de lidar com situações em que existisse algum tipo de ambivalência, ou que pudesse contrapor duas opiniões; esse aspecto também se aplica a momentos em que prevalecia a impotência, porque ambas valorizavam a onipotência. Ísis exercia certo controle sobre Raquel – por exemplo, para a narração da história do casal, Ísis disse: "Conta, porque você pode ter outro olho", colocando-se aparentemente em segunda posição. A princípio, essa atitude talvez parecesse respeito à alteridade, ao olhar do outro, mas, em vista de seu comportamento ansioso, existe outra hipótese: a do controle, tipo "Deixa eu ver o que ela irá falar".

Este aspecto apareceu algumas vezes, seja quando Ísis corrigiu o tempo de relacionamento que Raquel havia tido com sua ex-companheira, seja quando a interrompeu para que ela não se perdesse nas histórias do ex-marido, ou mesmo de Osmar, quando começou a falar de sua preocupação com o filho, por achá-lo retraído.

Ísis mostrou a ansiedade daquela que, possivelmente, queria resolver tudo rápido para se livrar. Pareceu-nos que as duas vinham a integrar um jogo, em que existia, da parte de Raquel, a necessidade de ter espaço para o trabalho, que tanto a completava, ou seja, uma atividade fora de casa. Da parte de Ísis, talvez, o comportamento de quem tinha a ação, de quem observava e tomava conta, ancorada numa grande angústia de se ver só. Na relação, nota-se a existência de certa discriminação entre as integrantes do par, coexistindo, porém, em um vínculo no qual, vez ou outra, Ísis mostrava certo comportamento de controle sobre Raquel, enquanto esta se deixava controlar no âmbito caseiro, embora profissionalmente tivesse função de liderança (PUGET; BERENSTEIN, 1993).

26
SOBRE A DANÇA DOS CASAIS

O capítulo precedente foi finalizado com a percepção de que, entre Ísis e Raquel, existia um vínculo de controle. Cabe, agora, esclarecer este ponto, a começar pelo conceito de "vínculo".

Vamos voltar um pouco no tempo, considerando que, a partir dos anos 1950, muitas foram as mudanças ocorridas na sociedade; entre elas, a legalização do fim do matrimônio, pela possibilidade de se separar do cônjuge e dele se divorciar, bem como o reconhecimento dos direitos das crianças e adolescentes em relação a isso.

Com o passar dos anos, mais nos tornamos complexos – veio a pílula, a demanda das mulheres em relação à própria sexualidade, sua profissionalização e, ainda, novas alterações sociais disso decorrentes. E os psicólogos e psicanalistas de então – notadamente franceses e argentinos – começaram a promover transformações no próprio atendimento, voltando-se para casais e famílias e, devido a isso, necessitando de novos arranjos conceituais e de manejo clínico para dar conta da realidade que se apresentava. Assim, o foco se ateve às questões pertinentes aos grupos, suas modalidades, motivações e funcionamentos, na forma de casal e família (GOMES; LEVY, 2009).

A partir dos estudos de Sigmund Freud, foi iniciada uma ampliação da psicanálise, voltando-se o olhar para as relações entre as pessoas, como se estas fossem um terceiro elemento de investigação. Dessa forma, além do paciente/cliente que, a partir do discurso que fazia, mostrava sua maneira de existir no mundo, o profissional começou também a levar em conta os vínculos que se estabeleciam entre os que estavam diante dele, principalmente não se tratando de psicoterapias/análises individuais.

A partir daí, e com a contribuição efetiva dos argentinos Puget e Berenstein (1993; PUGET, 2000), não se entendeu mais "vínculo" como sinônimo de "relação", mas, sim, como um conceito referente a uma estrutura que acontece no encontro entre duas ou mais pessoas, e tem determinadas características. A primeira delas é o fato de ser um elo estável que, por sua vez, gera o que é chamado de "intersubjetividade", ou seja, o tecido grupal do psiquismo; em outras palavras, um espaço psíquico próprio, que só acontece quando existe o plural.

Um e outro(s) se impregnam mutuamente de suas expressões, conteúdos, dinâmicas emocionais; quando do encontro, que provoca espaço psíquico diverso, ambos são sensibilizados não apenas em seus aspectos conscientes, mas também nos inconscientes. As influências que se dão entre os dois são recíprocas; aliás, é particular a esta formação, seja de casal, seja de família ou de qualquer outro tipo de grupo.

Além do eu e do outro, existe mais um elemento que caracteriza esse encontro, que é, justamente, o vínculo. Daí dizermos que tudo é relacional – se temos um casal à nossa frente, o olhamos como se, coligados, eles criassem uma dinâmica emocional própria, que não é a mesma se houver troca de seus integrantes. Ou seja, ela é única, singular, provêm deste encontro específico entre essas determinadas pessoas (BERENSTEIN, 2011).

Dentro dessa maneira de ver o casal, quer dizer, de forma relacional, em que um promove alterações no outro, começou-se a distinguir alguns tipos de estruturas de uma parceria – e, mais uma vez, os argentinos construíram uma tipologia da vida a dois (PUGET; BERENSTEIN, 1993; PUGET, 2000). Identificaram duas possíveis formas de estar junto: a "dual" e a de "terceiridade".

Nos relacionamentos "duais" o que existe é muita dependência de ambas as partes, com muita dificuldade de aceitação do outro como ele de fato é. É como se a relação somente acontecesse no estágio do apaixonamento, com estados de imersão no outro e fusionalidade daí decorrente. Com isso, evita-se a consciência de que o outro seja outro, isto é, um indivíduo que independe do par para sobreviver.

Nesse tipo de duplas, percebe-se um dinamismo que se cria a partir não da realidade que o outro apresenta para o um, mas, sim, das fantasias que o um teceu a respeito dele. Então, os formatos são mais rígidos, não há muita liberdade entre os integrantes, porque a ameaça de corte na dupla provoca angústia, pode trazer o caos.

Ao contrário, nas relações de "terceiridade", o outro existe como tal. São dois universos que irão se tocar e trocar o que têm, mas sem que um se perca no outro. As individualidades são preservadas, os desejos próprios também, assim como os que são engendrados pelo casal. Há espaço para um terceiro, que pode ser filho, animal de estimação, seres reais ou simbólicos, até mesmo um projeto de vida em comum, bem como vivências que acontecem no singular, e não no plural.

Mas, mesmo dentro dessa estrutura, digamos, mais amadurecida – e não tão infantil em relação aos desejos de cada um, porque se convive com a realidade, e não somente com a idealização –, também existem diferenciações, denominadas por Puget e Berenstein (1993) de terceiridade "ampla" e terceiridade "limitada".

Na "ampla", os membros do casal são realmente distintos um do outro. Por um existir como forma de representação, ou seja, um traz o outro em si, os momentos que foram curtidos juntos alimentam o um quando não está em companhia do outro. Cada um pode se permitir viver a sua vida, ter sonhos próprios, seus *hobbies*, amigos pessoais, enfim, sentir-se livre, porque foi construído um vínculo estável com alguém que, por sua vez, também vivencia o mesmo. Ou seja, existe confiança entre as duas partes, a linguagem é uma aliada na construção de acordos que permitem o estabelecimento da alteridade entre o casal. E isso tem a ver com um e outro e com tudo o que lhes for pertinente: dois mundos que se tocam e criam algo em comum a partir dos seus próprios universos.

Na terceiridade "limitada", não se alcançou, ainda, tanta discriminação; continuam a existir laços de dependência que abrem certa brecha para a entrada de um terceiro, mas este poderá ser simbólico, não necessariamente tendo existência real.

Embora os dois do casal já não se bastem, ainda assim se vinculam de forma a manter certa dependência um do outro, como, por exemplo, no formato "enciumante e ciumento". É como se algo da vida íntima do outro não fosse compartilhado, os projetos de vida não são comungados, atando os dois a uma configuração que não lhes proporciona bem-estar – porém, eles não conseguem se separar e se ver distintos um do outro.

No caso de Ísis e Raquel, elas têm vidas diferenciadas, exercem sua liberdade com amigos particulares a cada uma, existe certo espaço para o filho de Raquel, então, podemos enxergá-las em uma estrutura que se apresenta como de terceiridade. Porém, ao não fazerem uso da linguagem como forma de se verem inteiras, com uma aceitação tácita do desejo da outra e com a permanência de um discurso de perda da parte de Ísis, fica a possibilidade de existir alguma dificuldade na convivência com o estrangeiro trazido pela outra. Por outro lado, o fato de terem buscado ajuda psicoterapêutica revela o desejo de harmonização e preservação do vínculo que têm, o que é de se salientar.

Nada é uma coisa só: tudo o que somos e o que nos rodeia apresenta aspectos múltiplos. Da mesma forma, um casal pode se construir sob diversos padrões e, ao longo dos anos, amadurecer a partir da confiança no vínculo que seus membros produziram.

27
A INTERFERÊNCIA DO ÍMPAR NO PAR

A vinda de uma criança, por via biológica ou adotiva, implica certo período de tempo no qual um desejo vem a se configurar, seja para ela ser gestada, seja para o casal passar pelos processos de seleção para adoção. Diferente é o que acontece quando um dos parceiros já traz a criança, que pertence a outro tempo, espaço e condição, o que pode vir a ocasionar sentimentos de desconfiança e hostilidade em ambas as partes.

Na verdade, essa característica diz respeito aos casamentos em sua forma genérica, na qual, após a simples separação ou o advento legal do divórcio, e com a formação de uma nova família, permitiram-se novas associações, o que veio a ser denominado de "famílias reconstituídas". Nestas, pelo menos um dos cônjuges traz filhos das relações anteriores (GOMES, 2009).

Nessas novas formatações da contemporaneidade, os filhos das famílias reconstituídas, muitas vezes, veem-se no centro de disputas e trocas de ofensas entre os pais, representantes de uma relação que não deu certo. Pode ocorrer até de precisarem receber apoio jurídico, que pune a denominada "alienação parental", para que não sejam instrumentalizados e manipulados em desenlaces conjugais.

Possivelmente, essa situação venha a ser mais dramática quando esses filhos pertencem a um passado que traz de volta a vida pregressa heterossexual para o atual ambiente homossexual. Ou seja, se a convivência com um ex-parceiro, em relações heterossexuais, já se mostra delicada, pois muitas vezes a separação se deu com muitos problemas mal resolvidos, pode-se prever que o contato com a homossexualidade que agora se apresenta também requererá enfrentamento de ambas as partes.

As famílias homossexuais, que, em decorrência de casamento heterossexual anterior, têm filhos, veem-se com demandas específicas desse tipo de parentalidade, sem esquecer o luto pela perda parental que representa para os filhos do casal, independentemente do modelo que o casal tenha, hétero ou homo. Contudo, até mesmo a idade das crianças se torna importante, para saber em que ponto de seu desenvolvimento emocional elas estão e o quê ou quanto da situação pode ser para elas explicado (GOMES, 2015). Quanto mais jovens, menos terão introjetados os valores da cultura heteronormativa e, portanto, tendem a apresentar menor rejeição à parceria de mesmo sexo das figuras parentais.

Isso foi o que aconteceu com Raquel, pois Osmar desde cedo conviveu no ambiente *gay*, mas podemos considerar o quanto de preparo foi dela exigido, como mãe, para dar conta deste enfrentamento em todos os âmbitos.

Por exemplo, a primeira pergunta que se impõe é como será a expressão da sexualidade perante a criança ou o adolescente – será algo a ser ocultado? Ou será segredo somente para a sociedade? Como saber diferenciar quem é ou não é confiável para receber essa revelação? (MORIS, 2008).

Porque vivemos em uma sociedade hetenormativa, muitas vezes o fato de esconder a orientação sexual é um comportamento considerado adaptativo, ou seja, necessário. Isso pode vir a gerar certo isolamento da família homossexual, que não quer se ver exposta, pois o próprio desenvolvimento do filho demanda ampla socialização, principalmente vinda da escola, com o necessário convívio com os colegas e seus pais heterossexuais. Como o casal se apresentará em festas de aniversário dos amiguinhos dos filhos? O segredo, por vezes, também terá que ser mantido pela possibilidade de perda da guarda da criança, no caso de o ex-parceiro heterossexual não aprovar que seu filho viva em ambiente homossexual (TASKER; GOLOMBOK, 1995).

Raquel conseguiu construir uma relação de cumplicidade e de confiança com o filho, embora não se possa dizer que eles se constituíram em uma família homoafetiva nos termos que são hoje considerados. De qualquer forma, Ísis e Raquel conseguiram deslocar a importância biológica dos laços familiares, ressaltando as ligações afetivas e sociais entre seus membros. E isso pode vir a ocasionar a possibilidade de inserção de novos papéis sociais, considerando-se a possível elaboração do rompimento conjugal heterossexual e a aceitação da orientação sexual do ex-parceiro, com o acréscimo deste à ampliação da rede familiar.

PARTE IV

NESTOR E OTÁVIO

28
QUANDO A PAIXÃO SE IMPÕE

A história de amor de Nestor e Otávio passou por várias fases, desde o momento em que se conheceram. Eles estavam na rodoviária de uma capital, que servia a dois propósitos: além do literal, ou seja, o transporte via ônibus, também era espaço para que os homens *gays* da década de 1980 se encontrassem. Como chamavam então, era um "lugar de pegação".

Os dois homens cruzaram olhares e viram-se despertados pela atração física, aproximaram-se e começaram a conversar. Porém, Nestor logo convidou Otávio para ir com ele a um hotel próximo, e o contato esfriou. Otávio, além de ter visualizado a aliança na mão esquerda de Nestor, não apreciava encontros assim tão rápidos.

A surpresa ficou por conta de quando se viram subindo no mesmo ônibus – moravam na mesma pequena cidade interiorana... O resultado foram horas e horas de boa conversa, interrompida apenas no final do trajeto. Na despedida, o sentimento era bem parecido com o que canta Nando Reis na música *All Star*, "Não vejo a hora de te encontrar e continuar aquela conversa que não terminamos ontem".

Mas não trocaram telefones – e Otávio, agora conhecedor da história de Nestor, pensou que nunca mais iria vê-lo.

No dia seguinte, no entanto, enquanto atendia seus pacientes, a secretária anunciou uma pessoa que não havia marcado hora – e eis que Nestor entra no consultório de Otávio e, sem palavras, beija-o vigorosamente.

E a paixão entre os dois floresceu, efervescente, mágica, inteira. Porém, se Otávio estava disponível e, romântico que sempre foi, buscava um parceiro com quem pudesse dividir sua vida, com Nestor não acontecia o mesmo.

A vida dos dois, na verdade, era muito diversa. Otávio era filho único de uma mãe que havia falecido cedo, quando ele tinha 10 anos, tendo sido criado exclusivamente por seu pai. Porém, a relação amorosa de seus pais carregava uma sombra – ambos haviam se conhecido quando internados para tratamento de tuberculose, algo que, à época, exigia afastamento social. Desde cedo, assim, eles estavam acostumados à rejeição, a tratamentos muitas vezes dolorosos, à paralisação da vida em plena juventude.

Já curados, casaram-se e conceberam Otávio, sendo sua mãe aquela que desempenha o papel de agregadora familiar. Bem educada, ela pintava e tocava piano, pois havia sido educada em um ambiente refinado, já que seu pai havia sido fazendeiro de café, pertencendo à população abastada interiorana. No entanto, perdera tudo no jogo, voltando à situação de sua linhagem: gente de origem muito modesta. Já o avô paterno de Otávio era um lavrador que saiu da roça para tentar a vida na cidade. Dessa forma, podemos entender o casamento dos pais de Otávio como marcadamente pacífico, mas desnivelado pela desigualdade de origens. Assim, o pai de Otávio chegou à vida adulta sem ter sequer aprendido a ler, algo que lhe proveu a namorada durante o período hospitalar.

Otávio tinha adoração por sua mãe e pouca identificação com o pai. Porém, quando esta falece, quando ele ainda tem 11 anos, os dois entraram em acordo e iniciaram a construção de uma relação afetiva de fato entre pai e filho. Mas afastados da família, com a exceção de uma tia muito querida, irmã de sua mãe, que os visitava.

Seu pai tinha esperança de ver o filho casado; sua candidata era uma moça com quem ele já namorava – mas Otávio, na verdade, só se sentia ganhando tempo... Quando foi rompido o namoro, o pai começou a suspeitar da homossexualidade do filho, indicada pelos muitos telefonemas que recebia de amigos homens. E permaneceu insistindo para ele reatar o compromisso com a moça.

Nestor, por sua vez, até bem pouco antes do encontro de ambos, havia cumprido o papel heteronormativo esperado de um rapaz: namorou por uns tempos uma moça e com ela se casou, já tendo então três filhos, o último deles adotado. Vivia bem com a esposa num dia a dia simples, ele como técnico de um clube esportivo, ela cuidando da casa e dos filhos.

Com família numerosa, constituída por 12 irmãos, Nestor se sentia bem e acolhido por essa rede. Gostava de ser pai, tinha harmonia em seu casamento. Porém, um dia, retornando de ônibus de um trabalho em outra cidade, Nestor se viu assediado pelo rapaz da poltrona ao lado. Sem palavras, o outro se encostava, na surdina, e essa situação o deixou eletrizado, fato percebido pelo conquistador. Ao final da viagem, ambos trocaram telefones, e Nestor já fazia seis meses que o encontrava clandestinamente em uma ligação cuja tônica era o sexo.

Como Nestor viajava muito, a oportunidade de estar na rodoviária era grande, e daí estar disponível para a cruzada de olhar com Otávio. Também em decorrência de ser um homem casado, não conferia a esses encontros grande importância em sua vida. Até conhecer Otávio.

29
CURTOS-CIRCUITOS: A URGÊNCIA DE ESTAR JUNTO

Os dois se apaixonaram perdidamente – foram muitas as conversas pelo telefone, muitos os bilhetes, as cartas, os encontros... Otávio chegou a contratar um pichador para, em uma grande parede próxima a uma estrada, ver escrito o apelido íntimo que ele havia dado a Nestor, com a frase "Eu te amo". Avisou-o: "Presta atenção quando chegar em tal quilômetro". Nestor não conseguia acreditar no que via – nunca tinha vivido nada assim em sua vida.

Para Otávio, Nestor representava o companheiro idealizado; para Nestor, o inusitado dentro de uma vida que transcorria, até ali, sem sobressaltos.

Porém, do apaixonamento até os 33 anos de casamento oficial, que ambos legitimaram, muitas águas rolaram... E nem sempre mansas.

Otávio, embora tivesse maior liberdade de ação, visto ser solteiro, estava no início de sua carreira como médico, residindo com seu pai.

Ele conta com muita graça a história de seu namoro com a tal que o pai queria como nora, sobre como conseguiu se ver livre do destino de casamento por, justamente, estar com uma moça recatada, que se resguardava. Tudo começou quando lhes apresentaram uma "garota de família" e eles começaram, de fato, a namorar, o que fizeram por quase três anos, durante o período da graduação dele. Mas ela o desagradava, porque era muito submissa, todas as decisões partiam dele; ela somente aquiescia. Só quanto ao sexo ela resistia terminantemente aos seus tímidos avanços – "Por um lado, eu dou risada, falando: 'Minha sorte foi essa', né? Porque eu tentava me aproximar dela, e ela, várias vezes, falou: 'Não, não, você não vai ultrapassar os limites, porque eu quero casar virgem'. Eu, no meu subconsciente, falei: 'Que sorte!'"

Essa situação somente revelava a extrema pressão para que namorasse uma mulher e com ela se casasse e gerasse filhos. O pai reiteradamente o inquiria sobre isso e, quando ele rompeu o namoro, sua reação foi bem hostil, querendo a todo custo que ele reatasse.

A força da heterossexualidade obrigatória, em cidades pequenas, torna-se opressora, pois não há alternativas para a vida familiar (ERIBON, 2008). As pessoas veem-se enredadas em uma progressão de acontecimentos aos quais se torna difícil resistir, principalmente na geração dele – Otávio nasceu em 1956, ou seja, sua adolescência interiorana foi marcada pelos valores rígidos da época, anterior à revolução sexual da década seguinte. Se avaliarmos que o início do movimento homossexual, no Brasil, se deu nas grandes capitais, São Paulo e

Rio de Janeiro, no final dos anos 1970, pode-se imaginar o quanto de proibição havia em torno deste tema (FACCHINI, 2009).

Otávio tentava levar a situação como podia e, como tivesse uma amiga que, por sua vez, tinha um amante casado, estando sempre só, ambos se arvoraram em par para dançar nos bailes com orquestra do clube da cidade: "Eu virei o par dela. E, com isso, fui levando essa parte. 'Que será que é isso?' Ou 'Será que eu quero casar?' 'Que eu quero ter uma família com uma mulher?', sem forçar nenhuma situação."

Depois de formado, quando saía e se encontrava com um homem, ante a pergunta paterna, alterava o pronome: ao invés de "o", dizia que era "a". Mas a pressão que o pai fazia era difícil para ele, muitas vezes o ofendia e o desqualificava.

Iniciado seu relacionamento com Nestor, porém, ele começou a ter um complicador por sempre estar fora de casa. Seus encontros eram furtivos – ele pegava o carro e saía, enquanto Nestor inventava cursos e treinamentos, e ambos se encontravam em um hotel nos arredores da cidade. Assim, seu pai começou a aborrecê-lo muito com cobranças e, de tanto ele se queixar para Nestor, um dia chegou do trabalho e encontrou o namorado na sala de sua casa, com uniforme de treinador, conversando com seu pai. Havia se apresentado como um grande amigo, que, ao saber dos atritos entre pai e filho, decidira ajudar no que pudesse.

Mas essa armação durou pouco e, quando o pai descobriu, viu que aquele que havia ido lhe propor ajuda era, na verdade, o causador de todos os problemas do filho. "Porque ele não tem caráter, eu falo pra você que esse tipo de gente é destrutiva, é mentirosa, vai levar você pro fundo do baú." E Otávio lhe respondia: "É, pai, mas eu gosto dele, não tem nada disso que o senhor fala". "Ah, isso é tudo mentira, isso é coisa de doença!" – os embates eram constantes.

Pelo lado de Nestor, então, a situação era ainda mais difícil – ele tinha esposa e filhos, além de 11 irmãos, ou seja, uma rede grande para ser confrontada.

Devido às discussões com o pai, Otávio saiu de casa, alugando uma casinha a uma quadra da residência familiar de Nestor – e eles começaram a se ver cada vez com mais frequência; Otávio, aos poucos, foi conhecendo os filhos de Nestor e, logo em sequência, sua esposa.

30
A PAIXÃO QUE TRANSBORDA

O encontro dos dois foi, aparentemente, narcísico, intenso, definitivo, provocou um antes e um depois. Não houve barreiras que os impedissem de estar juntos, mentiras, disfarces, até mesmo certa malícia, dado que viviam já uma grande paixão sem que ninguém notasse, fortalecendo a cumplicidade entre ambos.

Interessante foi observar que, nesta fase de enamoramento, em que a idealização é constitutiva e necessária para que o par venha a se consolidar no enfrentamento da desilusão que a realidade se encarregará de fornecer, os dois se conheceram sem reservas (NICOLÒ, 1993). Otávio chegou perto dos filhos de Nestor e da sua vida heterossexual, conviveu com a família, e Nestor soube de tudo da vida de Otávio, mesmo o fato de os pais terem sido doentes. Não existiram segredos de um para o outro, assim como, pelo que disseram, não existem até hoje. Tudo sempre foi partilhado. Nestor até propôs a Otávio que ele também se casasse com a ex-namorada e, assim, eles permaneceriam amantes, sem despertar suspeitas. Otávio recusou, espantado com esta possibilidade. Queria Nestor somente para si.

> **Otávio:** Eu queria me casar, eu queria constituir família; no fundo, eu queria ter um pouco do que meu pai e minha mãe tiveram em casa, esse companheirismo.
>
> **Pesquisadora:** Como eles se davam?
>
> **Otávio:** Se davam bem. Não saíam separadamente, nós tínhamos uma vida com alguma dificuldade financeira, mas sempre muito bem (...) contornada. Minha mãe falava que, isso eu ouço sempre, que 'pra sempre ser feliz não precisa de uma carteira cheia de dinheiro', né? 'Precisa estar feliz com quem você vive'. Aí eu tinha na cabeça, assim, eu quero encontrar alguém pra mim. Eu não quero estar na vida, e acordar no outro dia e saber que eu estou sozinho. Então, eu passei a ser seletivo.

Porém, idílio de tal intensidade não permanece encoberto por muito tempo. Romance disfarçado de amizade? E a imaturidade de ambos contou nesse ponto, pois Otávio se transformou no amigo-confidente da esposa de Nestor, a pessoa com quem ela se queixava das agruras de seu casamento. Como era médico, ela até chegou a lhe perguntar sobre a possibilidade de Nestor, seu marido, ser "gilete" (5), pois andava estranhando seu comportamento.

Daí ter sido tão terrível, para ela, descobrir a farsa dos dois...

Nestor: Uma semana antes de eu sair de casa, uma semana antes, o Otávio passou em casa, estava chovendo, ela já estava desconfiada... Uma chuva, uma chuva, o Otávio chega em casa. Ela entrou em choque naquele dia. Não sei o que, não lembro direito o que ela falou... Ela saiu na chuva. Eu falei pro Otávio, ela falou assim, 'Eu vou me atirar na frente de um carro na estrada!'. Ele ficou vigiando, ficou com os meus filhos em casa, e eu saí atrás dela. Aí corri, peguei...

Otávio: É, porque todas as mulheres falam: 'Perder o marido para outra mulher dói menos do que perder para um homem'.

Pesquisadora: É, compreensível.

Nestor: É, nesse dia, eu [a] peguei, não deixei ela chegar na estrada... fui pra casa da minha irmã, e lá começou, ela falou, aí disse que eu queria sair de casa, que eu não estava gostando mais dela... Eu não sabia o que falar, por que eu estava saindo de casa, não tinha como falar! Não tinha, nós não tínhamos notícia de brigas, nós nunca tínhamos brigado...

O que aconteceu neste dia marcou o final do casamento e provocou a separação de Nestor e sua esposa – desde que Nestor e Otávio haviam se cruzado pela primeira vez, haviam se passado somente cinco meses.

Ao mesmo tempo em que a vida de Nestor virava de pernas para o alto, a de Otávio começava a se estabilizar, pois seu pai, ao saber da casinha alugada pelo filho, considerou que deveria ajudá-lo, era homem que não apoiava o aluguel e, sim, a propriedade, que trazia estabilidade para o futuro.

Dessa forma, fez um financiamento e comprou um apartamento pequeno para o filho em cidade próxima, pois sentiu que pudesse vir a ter vergonha frente aos possíveis comentários de seus amigos, já que ele mesmo tinha sido marcado pelo isolamento, devido à sua doença e à da esposa.

Nestor e Otávio mudaram-se, assim, para uma cidade vizinha. O contato com o pai foi feito aos poucos e, conforme a situação financeira de Otávio foi melhorando, ele já tendo terminado a Residência e iniciando carreira profissional, isso veio a facilitar, pois mostrou que estava conseguindo se estabilizar, independentemente de sua orientação sexual.

Nota
5. "Gilete": termo usado na época para definir o bissexual, porque a gilete tem lâminas em suas duas faces, corta dos dois lados.

31
VIVÊNCIA DO AMOR: ENTREGA E ACEITAÇÃO

A separação de Nestor foi litigiosa e permaneceu por algum tempo como sombra na relação deles. Por exemplo, houve dia em que Otávio foi chamado por seu chefe, com quem ele se dava muito bem, ouvindo-o dizer que havia sido procurado pela esposa do seu "irmão" (isto é, Nestor). Apresentar-se como irmãos havia sido o estratagema encontrado por ambos para não despertar tantas suspeitas na cidadezinha. Sim, a ex-esposa de Nestor havia estado lá com seus três filhos e lhe havia dito: "Eu queria contar pro senhor que o médico que o senhor emprega aqui roubou meu marido".

Eles permaneceram naquele apartamento na cidade vizinha por dois anos, até Otávio conseguir transferência para São Paulo, e Nestor também arrumar colocação em um clube, quando se mudaram em definitivo para a capital.

Otávio visitava semanalmente o pai no interior, enquanto Nestor ia ficar com os filhos. Com o passar do tempo, a aproximação de Nestor deixou de ser penosa para o pai de Otávio. Até que, devido à solidão, o velho resolveu vender a casa interiorana e comprar um apartamento no litoral – assim, durante algum tempo, os homens passavam a semana em São Paulo e, nos finais de semana, viajavam para ficar com o pai de Otávio na praia.

Ou seja, os dois, em suas interações, foram produzindo as posições subjetivas dentro da relação que tinham, um se moldando ao outro, a fim de conseguir estar juntos como queriam, apesar de todos os empecilhos, e constituindo-se como casal. Dessa forma, comungando este desejo, mas a partir das singularidades de cada um, os dois se confrontaram também com o fato de o "outro" não vir a ser apenas o objeto de satisfação do "um". Esse processo, ao provocar desencontros, fará com que ambos se desenvolvam e continuamente tenham que elaborar os aspectos primitivos – isto, por sua vez, também acarretará mudanças subjetivas que permitirão que exista o próprio e singular de cada casal (MAGALHÃES, 2003).

Assim, Nestor demandou muita compreensão de Otávio, pois ele mesmo disse que sempre foi um pai presente e, nessas ocasiões, fazia isso sozinho, sem a companhia do parceiro. Ao mesmo tempo, o pai de Otávio, por seu preconceito evidente, também requereu tolerância da parte de Nestor. Até mais do que isso: foi reconhecido e colocado no papel de pai e tratado com afeto por Nestor, talvez por este sentir esse espaço pouco ocupado por seu próprio pai, com quem teve um relacionamento distanciado, comum à época nos estratos populares e em famílias numerosas.

Este terceiro, o pai de Otávio, veio a ficar muito doente e debilitado, já em seu último ano de vida; em consequência de sua diabetes, sofreu amputações e escolheu Nestor como se fosse seu filho, indo a morar com o casal. Era Nestor quem dele cuidava, dava banho, alimentava, conversava, distraía. No começo, o pai foi severo ao ver a cama de casal no quarto do filho – "Você jogue fora, venda, eu não admito vocês dormindo na mesma cama!". Eles se desfizeram do móvel e compraram duas camas de solteiro – dormiram aquele ano ora em uma, ora em outra, embora Otávio fosse um homem nada pequeno.

Eles contaram que era complicado, porque o pai fazia jogos com os dois, chantagens, e, por vezes, o modo como eles reportaram esses momentos mostrou que esses sentimentos foram elaborados, mas não esquecidos: deixaram suas marcas.

Assim, por Nestor ser pai e ter uma ex-mulher que vivia a demandar cuidados, a parceria protetiva recíproca funcionou. Esse, na verdade, é o trabalho da intersubjetividade, na medida em que, por meio das interações que nela acontecem, os parceiros entram em contato com o outro e suas idiossincrasias, elaborando sua existência e o que isso traz, o que promove alterações no vínculo que têm (SPIVACOW, 2011).

O pai, antes de sua morte e ante o cuidado afetuoso de Nestor, veio a considerar de modo positivo a relação amorosa deles. Aparentemente, os filhos de Nestor fizeram o mesmo, embora com distanciamento. Mas as marcas das feridas, mesmo cicatrizadas, estão presentes – e tudo o que eles mais querem é poder viver um para o outro, na última etapa da vida, sem mais concessões a terceiros.

32
AMANTE APAIXONADO E PAI AMOROSO

Pesquisadora: Nestor, você queria ser pai? Era um desejo seu?

Nestor: "Era... Pensar assim, em ser pai, acho que eu não tinha pensado antes...

O tema da paternidade, para este casal, trouxe certa seriedade. As brincadeiras muito constantes acontecidas na entrevista, esvaíram-se, porque o fato de ter tido um casamento heterossexual com filhos não foi, para Nestor, uma transição simples de ser efetuada.

Nestor chegou aos três filhos por desejo de sua ex-esposa, que, sendo mãe de dois meninos, desejava ter uma menina, novamente engravidando. Nestor concordou; porém, quinze dias antes do parto, fez vasectomia, pois não queria ser pai novamente. Mas o nenê morreu assim que nasceu, ele não soube explicar o porquê, nem ultrassom existia na época. Além de tudo, a esposa se contaminou com infecção hospitalar, ficou entre a vida e a morte e nem pôde ver a fisionomia do filho. Nestor e a irmã procederam ao enterro.

Mas a esposa continuava a querer ser mãe e soube de uma menina que havia sido abandonada. Novamente, Nestor cedeu, devido à situação de luto pela perda do bebê (masculino), e o casal registrou a menina como filha natural de ambos. A criança sempre soube de sua origem, porque sua aparência física era bastante diversa daquela do casal. Tudo isso ocorreu alguns anos antes de Nestor conhecer Otávio e de identificar sua atração por homens.

Nestor conta a história da morte do bebê com pesar, mas sem se referir a alguma crise conjugal como consequência dessa perda, fala somente da vontade da esposa de ter uma filha mulher.

Depois da separação e de terem os filhos ficado com a mãe, já Nestor e Otávio vivendo em São Paulo, com as crianças chegando à adolescência, a mãe começou a se queixar dos meninos, não da menina, principalmente do mais novo, com aproximadamente 15 anos de idade, que havia se envolvido com o consumo de cannabis. Ela estava cansada e queria que eles fossem morar com o pai. Otávio não concordou.

Otávio: Não vai dar certo, isso é o início da nossa separação. Não é que eu não goste, que eu não queira, mas nós não estamos preparados, porque eles vinham todas as férias para dentro de casa...

Nestor: Eles passavam as férias com a gente.

Otávio: No subconsciente, era um problema, porque, quando estavam comigo [eram] os anjinhos das asinhas azuis; quando eu saía para trabalhar, aí só existia 'Eu sou do meu pai'. Aí, tudo o que ele não fazia comigo, ele fazia [com eles], levava no cinema, ia não sei aonde, no museu não sei o quê, e me comunicava depois. Quando ele me contava, eu me sentia muito mal...

Nestor: A traição que ele fala que eu faço, que eu tive com ele, foi essa aí. Foi em relação aos meus filhos.

Assim, Nestor decidiu alugar uma casa para os filhos na cidade em que viviam, no interior, próxima à de uma de suas irmãs, com disponibilidade para cuidar deles. Otávio, então, seguindo os princípios paternos de que imóvel não se aluga, compra-se, desfez-se de seu carro zero quilômetro para que ambos comprassem um terreno, onde construíram uma casa, registraram nos nomes dos três filhos e, depois que estava tudo pronto, os meninos foram para lá – o mais velho com 17 anos, o mais novo com 15.

Nestor: "Todos os finais de semana nós íamos ficar com eles.

Otávio: É, e, pra completar essa história, nós mudamos o nosso ritmo de vida. Passamos a ir todos os fins de semana para lá. Chegava, parecia o carro do Sílvio Santos, cheio de comida, de presentes, de coisas, sabe?

Otávio não "adotou" os filhos de Nestor, porém, alterou totalmente sua vida em função das demandas do companheiro, disponibilizou tempo e dinheiro para estar ao lado do parceiro; fez o papel de provedor.

Quando os meninos viajavam para as férias, sempre passadas com o pai e Otávio em São Paulo, Nestor e o companheiro já adivinhavam: suas mochilinhas chegavam vazias, nem escovas de dentes a mãe colocava, para que eles tivessem que comprar tudo para eles. Pijama, chinelo, camisas, blusas... Os fatos não vieram a contemplar o que eles esperavam que acontecesse; disse Nestor: "É, tudo o que tentamos fazer para melhorar a vida deles não foi bem aceito. Eles não souberam aproveitar a oportunidade que nós demos". A fala seguinte de Otávio mostrou como, nesse grupo, se instalou um clima de ambivalência afetiva muito grave:

Otávio: Ao contrário, [eles] faziam coisas para machucar. Então, você dava uma coisa hoje, amanhã já não tinha mais. 'Ah, pai, eu quero uma bicicleta pra ir pro colégio'. Nós pegamos as nossas bicicletas novinhas e levamos para lá. Um mês depois, não tinha mais nada. Você dava uma coisa, não tinha mais". E o casal ainda encontrou maconha escondida nos quadrinhos que eles haviam pregado para decorar a casa.

Apesar de tudo, os filhos aproveitaram os cursos técnicos que o casal pagou para eles e, hoje, têm profissões como decorrência disso.

33
NESTOR E SEU MAIOR DESAFIO: OS FILHOS

Com voz comovida, Nestor contou como foi o dia em que se revelou aos filhos, quando do batizado do neto – Otávio não estava presente. Seu filho mais velho bebeu um pouco a mais e, com isso, perdeu a crítica e teve coragem de lhe perguntar: "Pai, qual é a sua? E a do tio Otávio?"

Em seguida o mais velho chamou os dois irmãos para o quarto, o então marido da filha, e o colocou contra a parede: "Agora o senhor tem que falar, qual é a sua?" Nestor é mais dramático do que Otávio; ao contar histórias, revela o quanto de emotividade foi vivenciada, o quanto se deixou pressionar, seja pelos irmãos, seja pelos filhos. Depois de tantos anos de relacionamento conjugal com Otávio, ainda se viu julgado até pelo genro e pelos filhos, já adultos e com suas próprias famílias. Cedeu sem oferecer resistência, como se nada tivesse feito por eles. Otávio pontua que os filhos de Nestor não foram nada generosos com o pai.

Com o passar dos anos e a vinda da maturidade, Nestor diz que a relação entre todos – ex-mulher, filhos e netos – não apresenta problemas. Apesar disso, expressou emoção ao revelar que guarda até hoje uma redação que o filho mais velho fez quando estava com 8 anos, e pela qual ele foi chamado à escola. Com isso, mostra o quanto pode ainda existir de culpa em si mesmo. O tema era "O que você quer escrever para seu pai no Dia dos Pais?".

> **Nestor:** Eu tenho essa carta até hoje comigo; um dia, eu quero dar pra ele, mas não aconteceu ainda. Nessa carta, com erros e tudo, ele conta o que aconteceu, o que ele viu, com oito anos, eu acho.
>
> (...)
>
> **Nestor:** 'O que quero dizer pro meu pai nos dias dos pais?' Mais ou menos assim: 'Meu pai era uma pessoa muito alegre, esportista, não sei quê, mas apareceu um amigo que tirou meu pai da minha mãe'. São palavras escritas assim. E a professora devolveu essa carta, ela me chamou, me deu essa carta, eu guardo, mas, um dia, decerto eu vou dar a ele, não sei, está comigo essa carta, não sei. Mas você vê, oito anos e escreveu isso!

Podemos identificar a priorização da conjugalidade sobre a parentalidade de Nestor, que, nesta nova configuração, mostra que o espaço disponível para os filhos de relação anterior, por si só, já é restrito (GOMES, 2009). Existem referências a partir de pesquisas americanas de que casais de lésbicas normalmente são mais afeitos a viver com seus filhos do que os *gays* masculinos. Este fato se deve a vários fatores, entre eles, os que dizem respeito aos preconceitos de gênero, que atribuem maior competência à mulher no papel materno e, no caso de um casal de homens, a ideia de que podem ser promíscuos e/ou instáveis (GATO; FONTAINE, 2014).

O certo é que separações geram consequências na vida dos filhos e, a depender de como a ruptura acontece, podem acarretar prejuízos emocionais para todos os envolvidos. E crianças que vivenciaram experiências de abandono podem apresentar sentimentos de revolta, de raiva e de destruição; por isso, elas precisam ser sustentadas, para que possam novamente sentir confiança nas pessoas a sua volta. Em outras palavras, os adultos devem ter estabilidade emocional suficientemente boa para conseguir resistir a possíveis crises provindas dessa relação, para que o outro, finalmente, consiga se configurar ante a estabilidade do acolhimento parental.

Nestor e Otávio tiveram que, efetivamente, construir sua história conjugal a partir dos acontecimentos, mas não se esconderam deles; sem modelos, sem saber como agir, eles se aventuraram em movimentos que visavam o bem-estar geral.

A relação amorosa dos dois, dessa forma, foi atravessada pela genealogia, a que os antecedia e a que os sucedia, e pelo ambiente hostil, sem rede familiar alguma de sustentação. Otávio contou que, um dia, um dos meninos lhe disse ter ouvido da avó: "Isso, vai lá mesmo, na casa da bicha rica, e pega o que você puder do que você quiser".

Otávio: E a gente tentava, estava perto do meu pai, e, sabe? Não era uma coisa bem resolvida, mas a gente fazia força pra isso. E o que a gente esperava, que era o impossível, que hoje a gente vê na televisão, o mais comum, que eles um dia falassem alguma coisa como: 'Ó, tio, eu gosto de você por causa disso', ou 'Pai, eu...'. Mas nunca [aconteceu].

34
CONVIVÊNCIA AMOROSA EM VÍNCULO RECÍPROCO

O vínculo que Nestor e Otávio construíram é de muito cuidado e comprometimento – eles sempre se comunicam para avisar se chegaram aos lugares aos quais se destinavam, esclarecendo que não o fazem por controle, mas por preocupação. Nestor teve, no passado, um acidente na rua, precisou ser hospitalizado e tudo o mais e estava sozinho. Nessa ocasião, contou Otávio, os dois procuraram o melhor tratamento possível para Nestor, não importava o custo, mesmo que tivessem que se desfazer de algo. E, para Nestor ter direito aos benefícios do convênio de Otávio, fizeram União Estável.

Otávio contou com muita graça o momento em que se inscreveram no convênio médico como casal, e o espanto da recepcionista, que não esperava isso de um médico e, ainda menos, de um casal viril. No formulário que o cônjuge tinha que preencher, quando era casado com um médico homem, estava a categoria "patologias do útero", e, como Nestor a tivesse deixado em branco, precisaram retornar para retificar a informação. O problema é que os impressos, padronizados, somente contemplam um associado masculino com uma parceira feminina, ou seja, obedecem aos imperativos da heteronormatividade.

O casal decidiu pela União Estável pela necessidade de atendimento médico especializado para Nestor; o casamento foi motivado, por sua vez, passados três anos desse acidente, por eles se sentirem ameaçados em seu patrimônio pelo novo namorado da filha de Nestor, advogado, que, um dia, embriagado, proferiu palavras que não lhes soaram pacíficas. Ou seja, a legalização, para essa geração, não é uma prioridade, a menos quando se antevê em situação de vulnerabilidade (SEGAL; NOVAK, 2008). Essa reflexão pode ser aprofundada com um dado trazido na entrevista, com o relato sobre a dificuldade de encontrar padrinhos para seu casamento, pois os casais amigos, homossexuais, sentiam-se constrangidos de participar da cerimônia, mesmo esta sendo discreta – somente a presença no Cartório já os incomodava.

O casal divide tudo, até mesmo os ganhos e gastos são conjuntos, geridos por Nestor. Otávio esclareceu que sempre recebeu mais do que Nestor, até porque ele tinha o sustento das crianças. Contudo, ele ajudou, por exemplo, a pagar a cara faculdade da filha do parceiro. Eles se referem aos ganhos futuros como a "nossa aposentadoria". Otávio confia plenamente em Nestor, não sabe nenhuma senha bancária, toda a movimentação financeira é feita pelo companheiro em um vínculo de confiança absoluta.

Quando a literatura se refere a casais heterossexuais fusionados, essas relações são tidas como aprisionantes, em que a idealização recíproca é fonte de angústia, em que não há espontaneidade, os fatos da realidade produzem mal-estar, inclusive a perda da juventude; ou seja, considera-se que não há crescimento nem transformação (NICOLÒ, 1993). Entretanto, não percebemos nenhum desses aspectos neste casal, que assumiu todas as demandas reais de suas vidas – como cuidar do pai de Otávio por anos, e até mesmo o hospedar, para tanto transformando sua sala de estar em um quarto de hospital, pois a residência era um sobrado, e o pai era amputado. Ambos disponibilizaram tempo e recursos para estimular o desenvolvimento dos filhos de Nestor, que têm profissões advindas dos cursos que os dois custearam. Portanto, eles se veem no direito de aproveitar um pouco, neste último período vital, atualmente acalentando o desejo de viver no exterior, em uma cidadezinha pequena da Europa, braços abertos para o mundo.

Dessa forma, o casal, em uma dinâmica aparentemente fusionada, completa-se sem atritos ou cerceamentos individuais, queixas ou mal-estar vincular perceptíveis.

> **Nestor:** Agora, a gente vai ter uma nova fase da nossa vida, eu acho que vai mudar, vai ter que mudar, por causa da nossa idade. Então, nosso dia a dia, a gente vai se enfrentar pela idade, a idade vai cobrar outras coisas da gente...

> **Otávio:** A casa da Europa vai ser bem menor. (...) A gente quer ir morar num lugar, já sabemos, vai ter uma casa de no máximo 100 metros quadrados, porque nós é que cuidamos da casa (...) Ele não falou, mas eu vou falar. Nós já estamos desenvolvendo uma tolerância diferente entre nós, porque ele não se apercebeu ainda, mas, como ele tem mais tempo para elaborar e maquinar as coisas, ele já está mais imediatista. Então, às vezes, 'Olha, dá seta, isso, aquilo!'. Ele não dirige, ele fica me mandando fazer as coisas!

> **Nestor:** Mas eu preparo tudo o que ele vai usar para fazer. Está tudo picadinho! A logística da coisa...

Ambos riem e trocam olhares que parecem ser de cumplicidade, algo que o tempo partilhado da conjugalidade talvez propicie, um sendo testemunha do outro, um ao outro integrado.

PARTE V

DISCUSSÃO E CONCLUSÕES

35
O AMOR EM MÚLTIPLAS POSSIBILIDADES VINCULARES

O psicanalista argentino Alberto Eiguer (2013) desenvolveu um conceito bem interessante para olhar os casais, de forma geral, baseado no vínculo que existe entre o par e que caracteriza os dois.

De acordo com ele, são quatro os princípios que se deve encontrar nos relacionamentos amorosos: o "respeito", que tem a ver com até fazer críticas um ao outro, mas sem julgamentos; o "reconhecimento mútuo" de que o outro existe e tem sua própria forma de ser, sendo a diferença tão importante quanto a similitude; a "responsabilidade sobre o outro", que tem a ver com cuidado e preocupação com o que lhe acontece; e, finalmente, a "reciprocidade dos investimentos" – trocando em miúdos, o interesse no desenvolvimento e na manutenção da relação amorosa.

Relacionando essa perspectiva teórica às histórias amorosas dos quatro casais aqui apresentados, podemos deduzir que todos conseguiram construir seus vínculos baseados nos quatro "R", cada um em suas porcentagens singulares, com mais ou menos dificuldades neste ou naquele aspecto; porém, vivenciando-os, pois estavam inteiros e disponíveis em suas relações, envolvidos com a manutenção da boa convivência, do respeito e da admiração mútuos.

A herança heteronormativa que receberam, assim, foi adaptada aos seus estilos de vida. Por um lado, durante um bom período, ela realmente veio a pesar, como no caso da adolescência e da juventude de Dani, na busca de Ísis, nos filhos de Nestor, em Donato e seu desejo de não ser o "Filho" sequencial, querendo a sua singularidade. Por outro, no entanto, ela foi impulsionadora – Raquel já tinha se casado de véu e grinalda e tido um filho, podia se permitir ousar; Tomás se fez por si mesmo, escorado no legado de trabalho para conquistar seu lugar ao sol; Otávio se apoiou em sua profissão; e Nancy, de tanta paixão, pouco se importou com o fato de ser ou não lésbica.

As referências afetivas, identitárias e de pertença são proporcionadas pelo grupo familiar, a partir das transmissões psíquicas; e, para a geração desses casais, especialmente, não houve espaço de reconhecimento aos seus relacionamentos, visibilizados, porém não-nomeados por conta de mecanismos defensivos muito primitivos – uma única vez, Tomás mencionou a mãe de Donato como "sogrinha", mas foi só; os irmãos de Donato nunca foram os "cunhados" de Tomás, são os irmãos de Donato, e vice-versa.

Essa hipótese pode se adequar ao descompasso que Ísis teve em relação ao seu legado. Embora dele tenha se apropriado, porque teve vida profissional criativa como a do pai, com um trabalho eminentemente intelectual, não conseguiu se enxergar assim. Somente se via como cópia, sentindo-se alijada de seus irmãos quando criança e não conseguindo se encontrar em suas parcerias amorosas.

É possível que Raquel tenha apresentado a Ísis algo que ela, inconscientemente reconheceu – uma estrutura com filho e formato tradicional, conforme referência sua ao dizer que o interesse primeiro que nasceu entre elas foi o de "tesão e adequação", uma se moldando à outra como argila.

Recorrendo aos já citados Downey e Friedman (1993), que estudaram a internalização de homofobia em pares lésbicos, pode-se dizer que ela internalizou representações negativas de sua homossexualidade e provavelmente isso tenha criado um conflito entre o que queria ter sido e o que conseguiu ser. Ainda que apresentasse sua relação com Raquel com muita alegria e tenha construído um casamento celebrado por ambas e também pelo filho de Raquel. Os 25 anos de relacionamento delas foram comemorados ao lado de Osmar e sua namorada, que levaram para as duas um bolo com velinhas.

Contudo, Ísis tem um discurso ambivalente em relação a conquistas e perdas em sua vida. Com isso, alivia-se provisoriamente ao projetar suas angústias em Raquel, e, assim, para defender-se de sua fragilidade, exercer um controle que pode vir a dificultar uma comunicação com mais amplitude entre as duas para acolher suas singularidades. É uma dinâmica que permanece e que a sustenta, mas que não substitui as vivências internalizadas de solidão e de perda de sua infância e que a faz dizer que sempre, no fim, é a abandonada.

Raquel buscou companheiras com as quais pudesse ter liberdade para ir atrás do conhecimento que desejava – Sandra e Ísis –, escapando ao legado de frustração da mãe que viveu irrealizada, porque não se conformava com a vida de dona de casa, era uma estudiosa por conta própria.

O discurso de perda de Ísis talvez venha a impedir que o par atinja o que Hertzmann (2011) chama de "casal criativo", pois o sentimento de Ísis frente ao alto preço pago por ser homossexual possivelmente implique homofobia internalizada. Desse modo, ao estruturar seu superego com os preconceitos da cultura em que vive, Ísis pode se ver em constante conflito, talvez gerando comportamentos punitivos para si e para os demais com os quais convive.

36
INCLUSÃO E DIVERSIDADE

Outras ponderações necessitam ser feitas – por exemplo, quanto ao disfarce. Tomás se sentia deslocado em sua sexualidade; só a mostrava à noite, em ambientes compatíveis, achava tudo muito "esquisito". Dani queria deixar de ser *gay*, tal era a rejeição que sentia. Nesse aspecto, podemos destacar o fato da não existência de modelos a serem mirados como um dos deflagradores do mal-estar de se sentir "diferente" – daí a necessidade de que, cada vez mais, a cultura homossexual seja amalgamada em todos os setores sociais. A postura de exigir que os *gays* continuem invisíveis, discretos, sem expressão de seus afetos e desejos, deve ser combatida – embora disfarçada, trata-se de atitude altamente homofóbica.

De acordo com achados da psicóloga Fabiana Esteca (2016), que pesquisou os finais de relacionamento de cinco lésbicas com idades entre os 31 e 58 anos – logo, mais jovens do que os integrantes dos casais deste livro –, o início de vida sexual de seus sujeitos se deu sob "(...) culpa, confusão, solidão e vergonha" (p. 116). Partilhamos esses resultados quando consideramos a negação de Dani e seu desejo de não mais ser lésbica; a vergonha de Tomás ao pensar que todos poderiam saber o que escondia; a culpa de Nestor ante um desejo que pedia rompimento com a vida heterossexual que tinha. O contrário do ocorrido com Raquel, que, apesar de seu prévio casamento heteronormativo – talvez por necessidade de legitimação –, expressou sentimentos de alegria e liberdade quando se descobriu *gay*; o mesmo tendo acontecido com Nancy, que não relatou nenhuma dificuldade nesse aspecto. Donato, por sua vez, tem posição semelhante, até porque buscava ser diferente de algum jeito.

Consideramos ser especialmente útil relembrar a pesquisa de Friedman (1991), realizada em décadas passadas, contudo ainda atual, na qual apontou as dificuldades encontradas pelos *gays* por só poderem contar com um imaginário heterossexual. As crianças precisam estar expostas ao amor, a relações de respeito e afeto, de admiração e de companheirismo, de conflitos também, porque os há, provenientes das possibilidades humanas de inter-relacionamento com o outro, héteros, homos e quantas possibilidades existirem. A esse respeito, a Prefeitura de Nova York deu o primeiro passo ao reconhecer a existência de 31 tipos de gêneros (NYC, 2017). Mãos dadas, abraços, beijos, carícias fazem parte também do mundo público – é só irmos a um aeroporto para presenciar vários casais heterossexuais, que, ao se reencontrar ou se despedir, fazem uso de seus corpos de forma natural. Por que deveria ser diferente com os que amam seus iguais?

Podemos pensar que o disfarce de Tomás, além de medida protetiva, pudesse ter sido fruto de sua insegurança com relação ao seu desejo, demonstrando que sua atividade sexual estava deslocada do resto de sua vida, exercida durante o dia. Já no caso de Dani, ela não nos trouxe o estranhamento de se sentir lésbica, só queria parar com a pressão materna sobre si, interromper a obrigação de ter que mentir e se esconder, visto que, ao contrário, ela sempre foi ligada à família e a valorizava.

Depois, durante seu casamento com Nancy, sua posição profissional a deixou vulnerável, devido a sua sexualidade, perante seus funcionários e concorrentes. Uma mulher empresária, que – em lugar do irmão ou dos parentes homens – assumiu a direção dos negócios não era algo tão simples para o gênero feminino. Muitos confrontos tiveram que ser travados para sua liderança ser reconhecida, ainda mais em sua geração: lembremos que Dani estava com 68 anos no momento deste estudo. O mesmo ocorreu com Raquel, também ocupando posição profissional de destaque, mas queixando-se muito de, na idade em que estava, ainda ter que disfarçar um casamento tão longo.

Assim, a invisibilidade é persistente, muitos dos profissionais de saúde ainda se encontram despreparados para lidar com essa população, há preconceito e desinformação, mesmo na área científica – cabendo lembrar que foi em maio de 1990 que a Organização Mundial da Saúde (OMS) retirou a homossexualidade da lista internacional de doenças mentais. Mas, aqui e ali, abrem-se espaços para pensar esta questão de forma inclusiva, como o conceito de alteridade, já exposto, para analisar os casais de forma em geral.

O que podemos considerar é que, para conviver durante tantos anos, os acordos que os integrantes do par fizeram, mantiveram e, provavelmente, redesenharam com o passar do tempo, deram conta de deixá-los interdependentes e, ambos, submetidos à estrutura estável do vínculo que construíram (BERLFEIN; MOSCONA, 2009).

37
ENCONTROS E CONFRONTOS CONJUGAIS

Sem exceção, não houve referência a traições entre os casais estudados – nas duas vezes em que foi mencionada, estava associada aos filhos, tanto pela queixa de Otávio com relação a Nestor, quando este fazia programas com os meninos ainda crianças, que o excluíam, quanto por Ísis não aguentar as solicitações de Osmar enquanto este se sentia preterido pela nova parceira da mãe.

Nenhum dos quatro casais fez referência a ser o casamento semelhante a uma prisão, como aconteceu com os sujeitos de uma pesquisa realizada por Vieira e Stengel (2010), ou seja, os casamentos dos casais deste livro não são propriamente pós-modernos, bebem mais da modernidade. Em poucas palavras, a modernidade implicava uma estrutura de casamento a ser seguida, já que momento de categorização da sociedade; ao passo que, em sua sequência "pós", ocorre, justamente, a diluição das fronteiras que regiam os comportamentos humanos, havendo abertura a variados formatos. Por exemplo, em se tratando dos casamentos da atualidade, as relações são atravessadas por questões individuais, incluindo a liberdade e a necessidade de concessões – e não mais a presumida eternidade do casamento que só é rompida com a morte de um dos cônjuges. Porém, casamentos modernos e pós-modernos guardam algumas similitudes, como o desejo de que o vínculo amoroso seja duradouro, possibilitando segurança e estabilidade.

Podemos considerar, assim, que os pares conjugais desta pesquisa se inserem mais facilmente no modelo romântico, porém, com elementos pós-modernos no sentido de terem que inventar um jeito próprio, por não haver exemplos a serem seguidos. Neste último aspecto, vêm a contemplar o amor customizado analisado por Amorim e Stengel (2014), em que as parcerias têm que ser inventadas, e o critério de uma relação "que dá certo", nos dias de hoje, é aquela "(...) sentida como gratificante e produtiva para o casal, segundo o arranjo que é estabelecido por ele" (p. 187).

Algo a ser considerado é que brigas foram relatadas somente por dois casais, ambas devidamente enfrentadas, ou seja, a relação se apoiou nas duas pessoas, sem submissão de uma a outra, com o objetivo de elaboração do conflito. Dani e Nancy discutiam muito no início da relação, devido aos ciúmes de Dani, querendo que Nancy se comportasse de acordo com o que ela achava correto; elas chegaram à violência física, porém, em situações pontuais, quando Nancy se defendeu e impôs sua alteridade. O segundo casal, constituído por Ísis e Raquel, experienciou brigas quando das discussões entre Ísis e Osmar, o filho de Raquel, por conta do retorno do rapaz ao convívio íntimo e cotidiano após sua formação universitária. Tais confrontos ficaram tão assíduos que elas resolveram procurar ajuda psiquiátrica/psicoterapêutica, a qual foi estendida para além dos três, alcançando a sobrinha de Raquel, Júlia, que também convivia no grupo. De acordo com Levy e Féres-Carneiro (2008), crises costumam ser deflagradas a partir de alguma mudança inesperada, que tira o grupo – na situação, o casal – de sua zona de conforto, levando à revelação de conflitos que permaneciam adormecidos. Ante a ameaça de ruptura, procuram-se ajudas externas, neste casal, psicoterapêutica.

Donato e Tomás chegaram a se referir a conflitos, mas não pontuaram nenhuma crise entre os dois, disseram que nada foi assim tão grave. Nestor e Otávio não trouxeram relatos de discórdias, mas esclareceram que todas as brigas que tiveram foram desencadeadas por causa de Nestor ter filhos. Deixaram claro o quanto foram difíceis alguns dos momentos que passaram, atestados por certos olhares de cumplicidade com relação a comportamentos do outro que geraram pequenos impasses, como a reclamação de Otávio quanto ao fato de ter se sentido excluído quando Nestor estava com os filhos.

Interessante, por exemplo, é a fala de Nestor, que disse ter sido um "comedor", isto é, alguém com atitude viril sexual, casado com uma esposa exemplar como mãe no cuidado e na apresentação de seus filhos, ou seja, com um padrão tradicional familiar, tendo ampliado suas vivências sexuais e de gênero com Otávio, sendo ele quem cuida de tudo, da administração financeira do casal ao funcionamento da casa.

De forma genérica, dados de investigações sobre casamento lésbico encontram neste menor interesse na atração física e, com o passar dos anos, diminuição do apetite sexual, com incremento da troca de carinhos, compreensão e companheirismo (KIRKPATRICK, 1991). Já os homossexuais masculinos atribuem grande valor aos atributos físicos e à sexualidade.

Fomos buscar dados brasileiros a esse respeito em duas pesquisas antropológicas que investigaram o tema. A primeira delas corrobora a visão de decréscimo do apetite sexual em prol da amizade em casais lésbicos, como os obtidos por Heilborn (1992, p. 145), envolvendo 32 mulheres das camadas médias com idades entre 35 e 45 anos, em que "o casamento é descrito como deslizando do amor para a amizade: o cotidiano é marcado pelo companheirismo com forte ênfase no apoio psicológico mútuo". O segundo estudo, de Alves (2010, p. 218), abordando lésbicas idosas, na faixa etária de 60 a 73 anos, registrou que, "em seus depoimentos, a prática sexual é vista como elemento fundamental para a existência do casal lésbico".

Em nossos resultados quanto aos dois casais lésbicos, que não podem ser generalizados, mas somente vistos em suas singularidades, Dani e Nancy fugiram do padrão de decréscimo da atividade sexual, porque o interesse físico foi o que prevaleceu no primeiro contato, e elas ainda mantinham vida sexual corrente, mesmo em seus quarenta anos de conjugalidade. Já Ísis e Raquel, embora tenham se referido a vivências entre elas de muita paixão e ardência, inclusive sexual, declararam manter contato *light* de atividade sexual quase ausente, porém, com presença de beijos e abraços.

38
VISÍVEIS, AUDÍVEIS E MODELARES

A conjugalidade homossexual dos casais focalizados neste livro não foi desejada por seus pais, nem celebrada; não contemplou seus específicos narcisismos parentais, nem satisfez a cadeia familiar de continuidade. Manteve-se unicamente pelo desejo dessas pessoas de estar juntas. Quatro exemplos possíveis de conjugalidades homossexuais, entre inúmeras outras a serem conhecidas.

Se o mundo do século XXI se pauta pela inclusão, "se os modelos elaborados pela psicanálise evoluem em função da sociedade em que se manifestam, também se mostram defasados em relação a ela", pontuou Roudinesco (2000, p. 143), arrojada pensadora psicanalista.

O simbólico, assim, não se assenta exclusivamente na diferenciação sexual, e, sim, na diferença entre as pessoas, mulheres com mulheres, homens com homens, mulheres com homens, e quantas formatações existirem. Berenstein (2011, p. 87) deixou isso claro ao dizer que "nos casais homossexuais, a diferença masculino/feminino fica subsumida sob a diferença entre sujeitos, de onde se deduz que esta é fundante".

A psicanálise vincular, como o próprio nome indica, está apoiada na relevância do pertencimento, da linha geracional, dos vínculos que se erigem entre sujeitos, famílias, instituições, sociedade. É-se em relação a alguém, sempre, e o humano resulta de todas essas inter-relações, em seus múltiplos níveis de consciência e inconsciência – o sujeito tem duas tarefas a executar: a de ter reconhecida sua inscrição na pertença e a de escolher a maneira como pertencer.

A tarefa requerida dos sujeitos de meia-idade deste estudo foi a de se reconhecer perante uma genealogia e se ver por ela reconhecidos quando a maneira de pertencer ao grupo fugiu ao ideal do mesmo. Ou seja, quando a assunção da homossexualidade implicou uma ruptura das projeções familiares e do lugar que estava destinado ao sujeito nesse contexto, requerendo esforços hercúleos de enfrentamento, por um lado, e de auto-aceitação, por outro.

Os quatro casais se sentiam como modelos, por tudo o que construíram em comum em termos de companheirismo, cumplicidade, confiança, admiração, respeito. Contaram suas histórias com simpatia, abertos à possibilidade de se revisitar e de conhecer o outro de forma diferente – somente o par Ísis-Raquel havia feito psicoterapia de casal, por conta de conflitos com o filho da última. A experiência provocada por esta pesquisa se mostrou, realmente, nova para os participantes, visto que eles não são militantes e nem se expõem facilmente. Muitos foram os momentos emocionantes, em que se descobriam ao se escutar, me convocando a participar de suas revelações.

Eles vêm a confrontar, com suas experiências amorosas longevas, algumas afirmações teóricas, como a de Kaës, de que qualquer aliança, para ter sua permanência assegurada, necessitaria do aval das instituições regentes da sociedade (2014, p. 15). Ao contrário: os dados obtidos comprovaram que as alianças amorosas homossexuais são construídas e permanecem estáveis no tempo, vivenciadas na surdina, sem apadrinhamento social algum. A menos que o gueto, ou seja, o grupo de iguais, possa ser colocado no papel de referência legitimadora da relação; porém, mesmo que esse apoio seja de extrema importância, longe está de poder ser considerado uma "instituição regente social".

A partir dos dados desta e de outras pesquisas, alguns posicionamentos teóricos necessitam ser revistos, pois, para a inclusão, já não se pode considerar a malha simbólica heteronormativa como exclusiva. Como faremos – aprender com suas vivências singulares e especiais? Continuaremos a negar esta realidade e a vê-la em separado? Preferiremos não vê-la? Escondê-la? Como enfrentar o medo à liberdade de assumir a sua orientação sexual, manifestado pelos que só se pautam pela heterossexualidade?

39
AMORES ROMÂNTICOS DO SÉCULO

O que se convencionou chamar de matrimônio foi concebido como uma instituição historicamente heterossexual, marcada em sua quase totalidade pela submissão das mulheres, enquanto mães e esposas, ao pátrio poder de seus maridos.

Na verdade, o início da criação do modelo de casamento deu-se para que a reprodução humana fosse garantida, inserida em um sistema em que a heterossexualidade era compulsória, sem espaço para os desejos pessoais dos envolvidos (SWAIN, 2010). Tal estrutura começou a sofrer modificações a partir dos tempos medievais, quando o amor cortês dos cavaleiros por suas damas reclusas deu início aos primórdios da possibilidade de haver relação entre homem e mulher com amor e sexualidade conjugados (RIOS, 2007). A partir do século XVIII e, notadamente, no século XIX, no entanto, no cenário europeu de final da monarquia e ascensão da burguesia, irrompeu o Romantismo, com seus valores iluminados pelos ideais da liberdade, da livre expressão emocional, centrados na pessoa – e, com ele, o sentimento do amor platônico (AMORIM; STENGEL, 2014).

Esses valores, que privilegiavam os sentimentos, modelaram o que veio a ser o casamento moderno do século XX, no qual passou a existir a livre escolha do par e o amor habitava os dois envolvidos de forma recíproca (MOGUILLANSKY; NUSSBAUM, 2011). E criaram-se as bases para essa estrutura nuclear com papéis definidos, que fez do homem-marido-pai o provedor, ocupante do espaço público, e da mulher-esposa-mãe a rainha do lar, responsável pela educação dos filhos. Esta ordem, estabelecida a partir do início do século XIX, também veio a sofrer interferências da pós-modernidade, esse período em que vivemos, no qual tudo está como que de cabeça virada.

Algo bem diferente aconteceu aos homossexuais, pois a possibilidade de se casar legalmente é muito recente, ainda não faz parte de sua história, mesmo porque, ainda hoje, como já vimos, não há irrestrita permissão para essa forma de amor. Na verdade, Costa (1992) e Paiva (2006) colocaram a dificuldade de incluir os relacionamentos *gays* até na linguagem, como se o amor conjugal fosse elemento exclusivo da heterossexualidade.

Assim, são poucos os modelos culturais que ajudam os *gays* neste momento de definição amorosa, assim como ainda é muito grande a possibilidade de haver estranhamento do homossexual em relação a seu próprio desejo. Além disso, como identificar no ambiente social quem tem a mesma orientação sexual que a sua? Fora dos aplicativos para encontros, as ruas não favorecem o conhecimento entre pessoas do mesmo sexo com vistas ao enamoramento.

Para ilustrar essa situação, recorramos a uma série televisiva americana que, em um de seus episódios, coloca o quanto é difícil, para um adolescente *gay*, conseguir se informar sobre a sua sexualidade. Em *The Fosters* (EUA, 2013-2018), ("Os Fosters: Família adotiva"), é retratada uma família da classe média americana composta por duas mães, um filho biológico que uma delas traz de seu casamento heterossexual anterior, e dois casais de irmãos adotivos. Em um dos episódios, o jovem Jude, com 15 anos, receia se encontrar intimamente com seu namorado, em razão de não saber como agir e o que fazer em tal situação. Os irmãos o aconselham a consultar a internet, mas, quando ele o faz, fica chocado com o que vê, pois só há vídeos pornográficos, que o assustam e atemorizam.

Em sua escola, embora existam aulas sobre sexualidade, nas quais os jovens são informados quanto ao uso de preservativos, por exemplo, não há atenção para os alunos homossexuais femininos e masculinos. Como a mãe adotiva dele é diretora da escola e lésbica, Jude consegue convencê-la a introduzir uma aula desse tipo na grade curricular, mas a iniciativa nem chega a se concretizar, pela oposição ferrenha dos pais dos alunos. Problema pertinente, que deve acontecer na grande maioria das escolas da atualidade, sem que haja um verdadeiro enfrentamento da situação de ignorância e temor das figuras parentais e das próprias instituições.

Pois exemplos existiram – as classes intelectual e artística de várias épocas e países abrigaram casais *gays* ao longo dos anos, a começar pelo poeta americano Walt Whitman, que viveu 27 anos com Peter Doyle na Inglaterra do século XIX; ou Jane Addams e Mary Rozet, juntas durante quarenta anos, no século XX – Addams foi pioneira em serviço social nos Estados Unidos e presidente da Liga Internacional de Mulheres pela Paz e Liberdade, tendo sido ganhadora do Prêmio Nobel da Paz de 1931. E outros exemplos existem, entre eles, ícones de sedução, como a atriz sueca Greta Garbo, que viveu três décadas com a poeta americana Mercedes de Acosta (STREITMATTER, 2012).

Invisibilizados, esses casais não tiveram seus exemplos computados pelas pesquisas ao longo dos anos, nem seus amores se transformaram em ícones, como o de Romeu e Julieta, ou pelo menos o de Minie e Mickey! Porém, mesmo assim, conseguiram resistir às adversidades e construir suas relações amorosas singulares, vivendo juntos, rompendo barreiras, expressando seus vínculos afetivos. Talvez tenham exemplificado o que o sociólogo britânico Anthony Giddens (1993) chamou de "amor confluente", em que a confiança é condição primeira para a permanência da relação, e esta existe ancorada somente no amor entre os dois, e não na rede social apoiadora ou em formatos padronizados.

Aqui, encontramos uma bifurcação interessante: Giddens apontou o amor romântico como aquele atrelado à reprodução, funcionando sob os padrões da heterossexualidade, estabelecida em mecanismos projetivos, idealização do outro, perspectiva de eternidade. Nele, embora se reconheça a presença do elemento sexual, este pode ser postergado, evitado e mesmo sublimado em função das demandas do casal. Já o amor confluente é aquele que se operacionaliza na sexualidade plástica, a relação existe porque os parceiros assim o desejam, sem necessidade de perpetuação da espécie nem apoios que lhes venham do exterior. Outra de suas características é orbitar na democracia, ou seja, na igualdade entre o dar e o receber dos integrantes do par, em que o prazer sexual é emergente e tem peso na manutenção do vínculo – uma relação de qualidade é preservada desde que desse jeito permaneça.

Por essa lógica, podemos aventar a hipótese de que homossexuais masculinos e femininos possivelmente manifestem mais facilmente o amor confluente, sem tantas distinções entre feminilidade e masculinidade, por exemplo, nem assimetria de poder entre as partes. O que viria a ser um fator importante de vivência entre iguais, no dizer do próprio Giddens:

> Os relacionamentos *gays* descritos nas investigações de [Shere] Hite são frequentemente difíceis, cheios de problemas e de curta duração. Comparados com eles, entretanto, os relacionamentos heterossexuais muito frequentemente parecem um campo de batalha, onde a agressão e a guerra aberta misturam-se a um profundo desafeto entre os sexos (GIDDENS, 1993, p. 163).

O autor pontuou que os casais homossexuais, femininos e masculinos, por não terem suporte social, permanecem mais livres (do que os heterossexuais) para vivenciar uma relação de maior igualdade. Por esta contingência, eles se tornam pioneiros diante das novas formatações conjugais da contemporaneidade, algo que os heterossexuais somente há poucas décadas começaram a experienciar.

Há também teóricos que veem os *gays* como os últimos românticos, a reboque das transformações na conjugalidade heterossexual, cada vez mais distanciada do ideal que a constituiu, dado que os homossexuais querem se casar, ter filhos, ser regidos por normas institucionalizadas (MOTT, 2006). Talvez possa vir daí a própria revitalização da palavra "casamento", na pós-modernidade tão enredada com o exercício da individualidade (FÉRES-CARNEIRO, 1997).

40
AMORES: HOMOS, HÉTEROS... HUMANOS

Dani e Nancy, Donato e Tomás, Ísis e Raquel, Nestor e Otávio: oito pessoas, mulheres e homens, hoje na meia-idade, que, na juventude, ousaram fazer diferente.

Suas relações de amor podem não ter sido nomeadas: eles não ocuparam papeis familiares formalmente, não se tratam com espontaneidade afetiva quando em presença de outras pessoas, ainda vivem sob a discrição de suas condutas. Porém, são vistos, sim. Seus familiares podem não fazer perguntas e não desejar respostas, mas convivem, quer disso se deem conta ou não, com esta outra possibilidade de ser e estar no mundo, além da heteronormativa.

Consideradas as transmissões familiares que acontecem sem interferência da linguagem, seus exemplos, embora ensombrecidos, podem vir a ser modelares para gerações posteriores à deles. Certamente o são, porque compõem, com a militância, este tecido ainda desconhecido por muitos e temido por outros, que é o da sexualidade disposta a dizer seu nome da maneira que lhe é possível (6).

As relações conjugais homoafetivas têm, sim, suas especificidades, mas é preciso que se possa ultrapassar, um dia, aquelas causadas pela rejeição a esta forma de amor.

O caminho é um só: a empatia, sentimento que faz o indivíduo sair de si e olhar o outro, tentando, o mais firmemente possível, sentir além de si, colocar-se na pele daquele a sua frente.

Se fizermos isso, saberemos que o desejo de quem ama é amar. E que bom se todos estivessem nesta *vibe*...

Nota
6. Alusão ao primeiro verso do *Soneto 32*, de Oscar Wilde (1854-1900), "O amor que não ousa dizer seu nome", focalizando o amor homossexual, que era considerado crime na Inglaterra de seu tempo. O poeta, que era uma celebridade, foi julgado, condenado e cumpriu dois anos de prisão com trabalhos forçados "por cometer atos imorais com diversos rapazes", o que acabou com sua fama e sua fortuna.

REFERÊNCIAS

AGAMBEN, G. *Homo sacer*. O poder soberano e a vida nua I. Belo Horizonte: UFMG, Coleção Humanitas, 2010.

ALMEIDA, G.; HEILBORN, M. L. "Não somos mulheres *gays*. Identidade lésbica na visão de ativistas brasileiras". *Niterói*, vol. 9, n. 1, 2008, p. 225-249.

ALVES, A. M. Envelhecimento, trajetórias e homossexualidade feminina. *Horizontes Antropológicos*, Porto Alegre, ano 16, no. 34, Jul./Dez., 2010, p. 213-233.

AMORIM, A. N. de; STENGEL, M. Relações customizadas e o ideário de amor na contemporaneidade. *Estud. Psicol.*, Natal, vol. 19, n. 3, p. 157-238, Jul./Set., 2014.

ARÁN, M. Políticas do desejo na atualidade: A psicanálise e a homoparentalidade. *Rev. Psicol. Polit.*, São Paulo, vol. 11, n. 21, p. 59-72, Jun. 2011.

BADINTER, E. *Um amor conquistado*: o mito do amor materno. Tradução por Waltensir Dutra. Rio de Janeiro: Nova Fronteira, 1985.

BEAUVOIR, S. de. *O segundo sexo*. Fatos e mitos. 4ª ed. Tradução por Sérgio Milliet. São Paulo: Difusão Europeia do Livro, 1970.

BERENSTEIN, I. *Do ser ao fazer*. Curso sobre vincularidade. Tradução por Monica Seineman. São Paulo: Via Lettera, 2011.

BERLFEIN, E. S.; MOSCONA, S. L. de. Hacia una metapsicología del concepto de pulsión a nível vincular. In: Puget, J. (Org.). *Psicoanálisis de pareja*. Del amor y sus bordes. Buenos Aires: Paidós, 2009, p. 61-99.

CAMUS, A. (1942/2010). *O estrangeiro*. Tradução por Valerie Rumjanek. 16ª ed. Rio de Janeiro: Record, 1997.

COSTA, J. F. *A inocência e o vício*. Estudos sobre o homoerotismo. Rio de Janeiro: Relume-Dumará, 1992.

DEUS, L. F. A. de. *Contextos de revelação da orientação sexual*. No final do arco-íris tem um pote de ouro. Dissertação (Mestrado em Saúde Pública), Universidade de São Paulo, 2014.

DOWNEY, J. I.; FRIEDMAN, R. C. Internalized Homophobia in Lesbian Relationships. *J. American Academy of Psychoanalysis*, vol. 23, n. 3, 1995, p. 435-447.

EIGUER, A. La crisis de la pareja. Tres hipótesis teórico-clínicas alternativas. *Actualidade Psicológica*, vol. 25, n. 386, Jun., 2010, p. 2-6.

_____. Desentendimento de casal e luta pelo reconhecimento. In: GOMES, I. C.; LEVY, L. (Orgs.). *Atendimento psicanalítico de casal*. São Paulo: Zagodoni, 2013, p. 45-59.

ERIBON, D. *Reflexões sobre a questão gay*. Tradução por Procopio Abreu. Rio de Janeiro: Companhia de Freud, 2008.

ESTECA, F. M. *Impactos da heteronormatividade sobre a conjugalidade lésbica*. Uma análise psicanalítica a partir do relato de mulheres separadas. Tese (Doutorado em Psicologia Clínica), Instituto de Psicologia, Universidade de São Paulo, 2016.

FACCHINI, R. Entre compassos e descompassos. Um olhar para o "'campo e para a 'arena' do movimento LGBT brasileiro. *Rev. Bagoas*, n. 4, 2009, p. 131-158.

FÉRES-CARNEIRO, T. A escolha amorosa e interação conjugal na heterossexualidade e na homossexualidade. *Psicol. Reflex. Crit.*, vol. 10, n. 2, 1997, p. 351-368.

FOUCAULT, M. *História da loucura*. Tradução por José Teixeira Coelho Netto. 7ª ed. São Paulo : Perspectiva, 1972.

FRIEDMAN, R. C. Couple Therapy with *Gay* Couples. *Psychiatric Annals*, vol. 21, n. 8, Aug., 1991, p. 485-490.

GATO, J.; FONTAINE, A. M. Homoparentalidade no masculino. Uma revisão da literatura. *Psicol. & Socied.*, vol. 26, n. 2, 2014, p.312-322.

GIDDENS, A. *A transformação da intimidade*. Sexualidade, amor e erotismo nas sociedades modernas. Tradução por Magda Lopes. São Paulo: Editora da Universidade Estadual Paulista (Unesp), 1993.

GOMES, I. C. *Uma clínica específica com casais.* Contribuições teóricas e técnicas. São Paulo: Escuta / Fapesp, 2007.

_____. Promovendo saúde nas famílias reconstituídas. *Mudanças – Psicologia da Saúde*, vol. 17, n. 2, Jul./Dez., 2009, p. 67-72.

_____. Reflexões acerca das famílias reconstituídas homoafetivas. Contribuições das pesquisas atuais". In: Féres-Carneiro, T. (Org.). *Família e casal.* Parentalidade e filiação em diferentes contextos. Rio de Janeiro: PUC-Rio / Editora Prospectiva, 2015, p. 39-46.

GOMES, I. C.; LEVY, L. Psicanálise de família e casal. Principais referenciais teóricos e perspectivas brasileiras. *Aletheia*, vol. 29, Jan./Jun., 2009, p. 151-160.

HEILBORN, M. L. Vida a dois. Conjugalidade igualitária e identidade sexual. In: Anais do VIII Encontro Nacional de Estudos Populacionais, vol. 2. São Paulo: Associação Brasileira de Estudos Populacionais (Abep), 1992, p. 143-156.

_____. Ser ou estar homossexual. Dilemas de construção da identidade social. In: PARKER, R.; BARBOSA, R. *Sexualidades brasileiras.* Rio de Janeiro: Relume Dumará, 1996, p. 136-145.

_____. *Dois é par.* Gênero e identidade sexual em contexto igualitário. Rio de Janeiro: Editora Garamond, 2004.

HERTZMANN, L. Lesbian and *Gay* Couple Relationships: When Internalized Homophobia gets in the Way of Couple Creativity. *Psychoanalytic Psychotherapy*, vol. 25, n. 4, Dec., 2011, p. 346-360.

HOLLANDA, H. B. de. *Feminismo em tempos pós-modernos.* Rio de Janeiro: UFRJ, 2005.

KAËS, R. *As alianças inconscientes.* Tradução por José Luiz Cazarotto. São Paulo: Ideias & Letras, 2014.

_____. *Um singular plural.* A Psicanálise à prova do grupo. Tradução por Luiz Paulo Rouanet. São Paulo: Loyola, 2011.

KIRKPATRICK, M. Lesbian Couples in Therapy. *Psychiatric Annals*, vol. 21, n. 8, May, 1991, p. 491-496.

KNAUER, N. J. *Gay and Lesbian Elders.* History, Law, and Identity Politics in the United States. Farnham, UK: Ashgate Publishing Limited, 2011.

LEVY, L.; FÉRES-CARNEIRO, T. O aparelho psíquico grupal familiar. In: GOMES, I. C. (Coord.). *Família.* Diagnóstico e abordagens terapêuticas. Rio de Janeiro: Guanabara Koogan, 2008, p. 28-37.

LEVY, L.; GOMES, I. C. Relações amorosas. Rupturas e elaborações. *Tempo Psicanal.*, Rio de Janeiro, vol. 43, n. 1, Jun., 2011, p. 45-57.

MAGALHÃES, A. S.Transmutando a subjetividade na conjugalidade. In: Féres-Carneiro, T. (Org.). *Família e casal.* Arranjos e demandas contemporâneas. Rio de Janeiro: Ed. PUC-Rio; São Paulo: Loyola, 2003.

MAGALHAES, A. S.; FÉRES-CARNEIRO, T.; GORIN, M. C. Construção da demanda em terapia de casal: 'Cuidar de nós, cuidar de ti e cuidar de si'. In: GOMES, I. C.; LEVY, L. (Orgs.). *Atendimento psicanalítico de casal.* São Paulo: Zagadoni, 2013, p. 15-27.

MAGNABOSCO, M. M. Mal-estar e subjetividade feminina. *Rev. Mal-Estar Subjet.*, Fortaleza, v. III, n. 2, p. 418-438, 2003.

MARIANO, S. A. O sujeito do feminismo e o pós-estruturalismo. *Rev. Est. Fem.*, Florianópolis, v. 13, n. 3, 2005.

McKENZIE, S. Merger in Lesbian Relationships. *Women & Therapy*, vol. 12, n. 1-2, 1992, p. 151-160.

MOGUILLANSKY, R.; NUSSBAUM, S. L. *Psicanálise vincular.* Teoria e clínica, vol. I: Fundamentos teóricos e abordagem clínica do casal e da família. Tradução por Sandra M. Dolinsky; Marta D. Claudino. São Paulo: Zagodoni Editora, 2011.

MORIS, V. L. *Preciso te contar?* Paternidade homoafetiva e a revelação para os filhos. Tese (Doutorado em Psicologia Clínica), Pontifícia Universidade Católica de São Paulo, 2008.

MOTT, L. Homoafetividade e direitos humanos. *Rev. Est. Fem.*, n. 14, vol. 2, p. 509-521, Set., 2006.

NICOLÒ, A. O modelo psicanalítico de funcionamento do casal. In: ANDOLFI, M., ANGELO, C.; SACCU, C. *O casal em crise*. Tradução por Silvana F. Foá. São Paulo: Summus, 1995, p. 75-90.

NOGUEIRA, C. *Um novo olhar sobre as relações sociais de gênero*. Feminismo e perspectivas críticas na Psicologia Social. Fundação Calouste Gulbenkian/ Fundação para a Ciência e a Tecnologia. Braga, Portugal, dez., 2001.

NUNAN, A. Violência doméstica entre casais homossexuais. O segundo armário? *Psico*, vol. 35, n. 1, 2004, p. 69-78.

NUNAN, A.; JABLONSKI, B. Homossexualidade e preconceito. Aspectos da subcultura homossexual no Rio de Janeiro. *Arq. Bras. Psicol.*, v. 54, n. 1, p. 21-32, 2002.

NYC. Commission on Human Rights. *Gender. Identity. Expression*. Legal Enforcement Guidance on Discrimination on the Basis of Gender, Identity or Expression, 2017.

NYE, A. *Teoria feminista e as filosofias do homem*. Tradução por Nathanael C. Caixeiro. Rio de Janeiro: Rosa dos Ventos, 1995.

PAIVA, A. C. S. A conjugalidade homossexual no sistema de gêneros e para além: Micropolíticas homoeróticas. *Rev. Ciências Sociais*, v. 37, n. 1, p.63-76, 2006.

_____. *Reservados e invisíveis*. O ethos íntimo das parcerias homoeróticas. Fortaleza: Programa de Pós-graduação em Sociologia da Universidade Federal do Ceará; Campinas: Pontes Editores, 2007.

PAIVA, M. L. de S. C. *A transmissão psíquica e a constituição do vínculo conjugal*. Tese (Doutorado em Psicologia Clínica), Instituto de Psicologia, Universidade de São Paulo, São Paulo, 2009.

PUGET, J. Disso não se fala... Transmissão e memória. In: CORREA, O. R. (Org.). *Os avatares da transmissão psíquica geracional*. São Paulo: Escuta, 2000, p. 73-88.

PUGET, J.; BERENSTEIN, I. *Psicanálise do casal*. Tradução por Francisco Franke Settineri. Porto Alegre: Artes Médicas, 1993.

RIBEIRO, J. S. B. Brincadeiras de meninas e de meninos: Socialização, sexualidade e gênero entre crianças e a construção social das diferenças. *Cad. Pagu*, Campinas, n 26, p.145-168, 2006.

RIGGLE, E. D. B; ROSTOSKY, S. S.; PRATHER, R. A. Advance Planning by Same-sex Couples. *J. Family Issues*, vol. 27, n. 6, Jun., 2006, p. 758-776.

RIOS, M. *Casais sem filhos por opção*: Análise psicanalítica através de entrevistas e TAT. Dissertação (Mestrado em Psicologia Clínica), Instituto de Psicologia, Universidade de São Paulo, 2007.

ROSS, J. L. Challenging Boundaries. An Adolescent in a Homosexual Family. *J. Family Psychology*, vol. 2, n. 2. Dec., 1988, p. 227-240.

ROUDINESCO, E. *Por que a psicanálise?* Tradução por Vera Ribeiro. Rio de Janeiro: Jorge Zahar Ed., 2000.

SEDGWICK, E. K. A epistemologia do armário. *Cad. Pagu*, n. 28, Jan./Jun., 2007.

SEGAL, C. A.; NOVACK, S. L. Members of the Wedding. The Psychological Impact of the Legalization of Same-sex Marriage in Massachusetts. *Studies in Gender and Sexuality*, vol. 9, 2008, p. 208-213.

SPIVACOW, M. A. 'Malestares' en/de la pareja. Ayer, hoy y mañana. *Psicoanálisis*, vol. 23, n. 1, 2011, p. 173-179.

STREITMATTER, R. *Outlaw marriages*. The Hidden Histories of Fifteen Extraordinary Same-sex Couples. Boston, MA, USA: Beacon Press, 2012.

SUSSAL, C. M. Object Relations Couples Therapy with Lesbians. *Smith College Studies in Social Work*, vol. 63, n. 3, p. 301-316, Jun., 1993.

SWAIN, T. N. Identidades nômades. Desafio para o feminismo. Universidade Federal da Bahia, I Simpósio Internacional O Desafio da Diferença, 2000.

TASKER, F.; GOLOMBOK, S. Adults raised as Children in Lesbian families. *Amer. J. Orthopsychiat*, vol. 65, n. 2, April, 1995.

TERZIS, A.; OLIVEIRA, G. P. de; ORLANDI, M. A.; DONNAMARIA, C. P. As vicissitudes das pulsões nas escolhas amorosas contemporâneas. *Rev. Spagesp*, vol.9, n. 2, Jul./Dez., 2008, p. 13-20.

THE FOSTERS. Direção: Elodie Keene, Kelli Williams, Rob Morrow, Silas Howard. Produção: Elaine Goldsmith-Thomas, Greg Gugliotta, Jennifer Lopes, Fourth Season, Estados Unidos, 2016.

TOLEDO, L. G.; PINAFI, T. A clínica psicológica e o público LGBT. *Psic. Clin.*, Rio de Janeiro, n. 1, vol. 24, p. 137-163, 2012.

TORRÃO FILHO, A. *Tríbades galantes, fanchonos militantes*. Homossexuais que fizeram história. São Paulo: Summus, 2000.

UZIEL, A. P. Conjugalidade, parentalidade e homossexualidade. Rimas possíveis. In: *Cartilha Adoção: Um direito de todos e de todas*, Conselho Federal de Psicologia (CFP), Brasília, DF, 2008.

VIEIRA, E. D.; STENGEL, M. Os nós do individualismo e da conjugalidade na pós-modernidade. *Aletheia*, vol. 32, Mai./Ago., 2010, p. 147-160.

WINNICOTT, D. W. *O ambiente e os processos de maturação*. Estudos sobre a teoria do desenvolvimento emocional. Tradução por Irineo Constantino Schuch Ortiz. Porto Alegre: Artes Médicas, 1983.

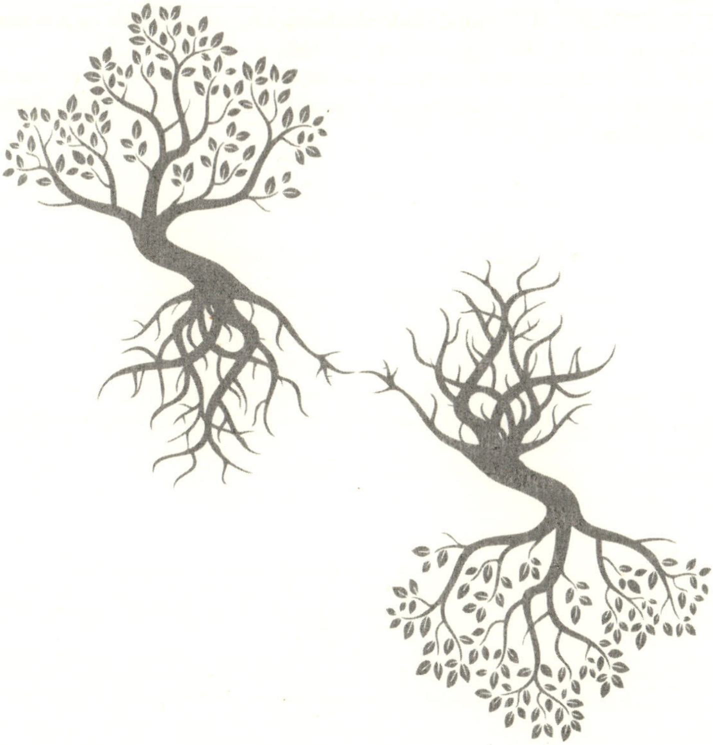

SOBRE A AUTORA

Déa E. Berttran sempre escreveu.

Adepta da poesia libertária na saída da adolescência, trocou Santos pela efervescente São Paulo da passagem das décadas de 1970 e 1980, para ser assessora de imprensa e produtora. Durante 24 anos trabalhou com cantoras e cantores do primeiro time, como Elizeth Cardoso, Beth Carvalho, Gonzaguinha, MPB-4, Leny Andrade e Emílio Santiago, e outros do time emergente, como Vânia bastos e Eliete Negreiros.

Fez curso de teatro com Myrian Muniz, produção de Clodovil e viajou pelo País inteiro levando o pioneirismo do Projeto Pixinguinha, uma caravana de músicos brasileiros de excelente qualidade.

Publicou dois livros sobre espiritualidade, *Plugue do Milênio* (2002) e *Universo de Deus – uma visão espiritual da humanidade* (2007), ambos esgotados. É autora do capítulo "Vivências de um casal longevo de mulheres e seu filho", no livro *Homoafetividades: dinâmicas conjugal e parental*, organizado por Isabel Cristina Gomes e lançado em outubro de 2018.

Além de escrever, sempre se viu envolvida por gente e, ao longo dos anos, afinou sua sensibilidade para a escuta empática para aquele que pede acolhimento – isso a levou ao curso de Psicologia, ao mestrado e doutorado em Psicologia Clínica no Instituto de Psicologia da Universidade de São Paulo (Laboratório de Casal, Família e Estudos Psicossociais). Este último, com o apoio fundamental da Fundação de Amparo à Pesquisa do Estado de São Paulo (Fapesp).

Atuando em consultório particular, também exerce o cargo de Professora Adjunta I do Centro Universitário São Judas, câmpus Unimonte, em Santos, onde ministra aulas para a graduação no curso de Psicologia.

Direção editorial
MIRIAN PAGLIA COSTA

Direção de produção
HELENA MARIA ALVES

Preparação de texto e revisão
PAGLIACOSTA EDITORIAL
DÉA E. BERTTRAN

Capa e Editoração eletrônica
YVES RIBEIRO

Ilustração de capa
ROLAND TOPOR/ FOTOSEARCH

Foto da autora
SILVIA ANTONIO

Impressão e acabamento
ASSAHI

Impresso no Brasil
Printed in Brazil

Formato: 160 x 230 mm
Mancha: 80/115 mm
Tipologia: Minion Pro 11/14
Páginas: 120